東亞民俗學稀見文獻彙編
第一輯

慵齋叢話

慵齋叢話　成　俔撰

韓國漢籍民俗叢書

第七冊

慵齋叢話

慵齋叢話　目次

慵齋叢話卷之一

論經學

鄭文忠夢周權文忠近權提學遇

叢話

經術文章非二致。六經皆聖人之文章。而措諸事業者也。今也爲文者不知本經。明經者不知爲文。是則非徒氣習之偏。而爲之者不盡力也。高麗文士皆以詩騷爲業。惟圃隱始倡性理之學。至我朝陽村梅軒兄弟能明經學。又能於文。陽村定四書五經口訣。又作淺見錄入學圖說等書。羽翼之功不少。其後任函丈者黃鉉尹祥金鉤金末金泮鉉之學無聞。祥最精而稍知作文。鉤與末皆精。而末則未免於固滯。常時議論不相上下。爭之不已。受業者亦兩備焉。二公皆爲　世祖所知。官至一品。泮爲大司成。年老致仕。卒餓死于故鄕。又其次者。有孔頎鄭自英丘從直兪希益兪鎭。頎滑稽能談。至於作文。雖尺牘之微。不能措

慵齋叢話卷之一　二

一辭。嘗受人簡牘。不知裁答。生員金順命適在傍見之。依所言而荅之。辭語甚稱。頎歎曰。子學出於我。子善用而我不能用。眞所謂青出於藍而青於藍也。自英非徒知五經。亦能博涉諸史。官至判書。從直以容貌奇偉。蒙　世祖拔擢。竟至一品。希益未甚顯達。鎭尤固執不通於理。近有盧自亨李文興。久在學官。成宗以年老優之。竟陞堂上。皆退死于鄉。

論文章

我國文章。始發揮於崔致遠。致遠入唐登第。文名大振。至今配享文廟。今以所著觀之。雖能詩句而意不精。雖工四六而語不整。有如金富軾能贍而不華。鄭知常能曄而不揚。李奎報能押闔而不斂。李仁老能鍛鍊而不敷。林椿能縝密而不闊。稼亭能的實而不慧。益齋能老健而不藻。陶隱能醞藉而不長。圃隱能純粹而不要。三峯能張大而不檢。世稱牧隱能集大成。詩文俱優。然多有鄙踈之態。准平元人之律且不及。其可擬於唐宋之域乎。陽村春亭雖秉文柄。不能及牧隱。而春亭尤卑弱。 世宗始設集賢殿。延文學之士。有如申高靈崔寧城李延城與朴仁叟成謹甫柳太初李伯高河仲章。皆擅名一時。謹甫文瀾豪縱。而短於詩。仲章長於對策疏章。不知詩。太初天才夙成。而其覽不博。伯高淸穎英發。詩亦精絕。然儕輩皆推朴仁叟爲集大成。謂其經術文章筆法俱善也。然皆被誅。其所著不顯於世。寧城精於四六。延城能爲科擧之文。而惟高靈文章道德。一代尊仰。繼躅者徐達城金永山姜晉山李陽城金福昌及我伯氏而已。達城文章華美。而其爲詩專倣韓陸之體。隨手輒艶麗無雙。久掌文衡。永山讀書必誦。故能得文之體。其文雄放豪健。人無與爭其鋒。然性無檢束。故詩之押韻。多錯不中窠臼。晉山詩文典雅。天機自熟。於諸子最爲精絕。陽城詩文俱美。如巧匠雕鐫。自無斧鑿痕。伯氏之詩。得晚唐體。如行雲流水之無礙。福昌天資

論筆法

早成。以班固爲準。爲文老健。嘗編　世祖實錄。大抵叙事多出其手。此數子皆善鳴。而一代文學彬彬矣。我國善書者雖多。而有楷範者盖寡。金生能書。細而毫忽皆精。杏村與子昂一時。而其筆勢與之敵。然行草縱橫則當讓矣。柳巷亦有名其書遒勁。多得晋法。所書玄陵碑。至今猶存。獨谷之書。但縝密而已。八十書健元陵碑。筆力不衰。安平之書。專倣子昂。而其豪邁相上下。凜凜有飛動意。倪侍講嘗奉使到國。見篇題二字曰。此非凡手所書。吾欲要見此人。　上命安平往見之。侍講慕其筆跡曰。今陳學士善書。擅名中國。然比王子則不及也。益加禮貌。遂受書而去。其後我國人買書中國而來。乃其手跡也。安平大喜自得。時有士人崔興孝。效庾翼之法。自稱善書。常持筆橐。巡歷諸司諸大家。揮灑與之。字體麤鄙。安平邀請書之。遂割而塗諸壁。伯氏與姜仁齋鄭東萊。號一時善書。仁齋性本憚書。其跡罕傳於

論畫

世伯氏多書屛簇。而其書圓覺寺碑尤入妙。 成宗覽其筆跡曰善哉名不虛得也。東萊於書多致力用功。人有求者。不憚書而與之。故流布於世者亦多。然柔脆不足觀矣。描寫物像。非得天機者不能精。能精一物。而能精衆品尤爲難。我國名畫史罕、少。自近代觀、之。恭愍王畫格甚高。今圖畫署所藏魯國大長公主眞。興德寺所在釋迦出山像。皆王手跡。往往甲第有畫山水。甚奇絕也。尹泙者亦善山水。今士大夫多有藏之者。然筆跡平澹無奇趣。至本朝有顧仁者。自中國出來。善畫人物。其後安堅崔涇齊名。堅山水涇人物。皆入神妙。今人愛保堅畫如金玉。余爲承旨。見內藏靑山白雲圖。眞絕寶。堅常云。平生精力在此、涇晩年亦畫山水古木。而當讓於堅矣。其他洪天起崔渚安貴生之屬。雖名山水。而皆庸品。惟士人金瑞之馬。南汲之山水稍佳。姜仁齋天機高妙。得古人所不料處。山水人物俱優。嘗見所畫麗人圖。毫髮無差訛。青鶴洞菁川江兩簇及耕雲圖。皆奇寶也。有裴連者。俱善山水人物。平生不數涇。由是與堅相惡。仁齋常稱連有雅趣。李長孫吳信孫秦四山金孝男崔叔昌石齡。今雖有名。而皆未可與論畫域也。

論樂音

音樂於諸技最難學。非有天資者。不能得其眞趣。三國各有音律樂器。然世代綿邈不可詳。惟今之玄琴。出於新羅。伽耶琹出於金官。大笒倣唐笛而爲之。其聲最壯。爲樂之根本。鄉琵琶亦倣唐琵琶。其設掛則與玄琹同。其調絃撚撥。學者難之。不善鼓則不堪也。有典樂宋太平善彈。其子田守傳得其法尤妙絕。余少時在伯氏家聽其聲。如麻姑爬癢。靡靡不厭。然比諸都善吉則不及也。然田守而下。惟善吉近之。其他則不可及也。今則無能之者。唐琵琶則田守亦爲第一手。善吉與之齊名。今之伶人多有能者。至如士庶。學樂必先琵琶。然無有拔萃者。惟金臣番盡得善吉指法。而豪縱過之。亦今之第一手也。玄琴於樂最善。學樂之門戶。有盲李班。遇知於　世宗。出入禁中。有金自麗者。亦善鼓琴。余少時聽之。慕其音而不得指法。今若律以伶人之樂。則未免古態也。伶人金大丁李亇知權美張春皆一時人。當時論者云。大丁之簡嚴。亇知之要妙。各臻其極。大丁早誅未及聽。美春皆凡手。惟亇知爲士林所重。至紆　聖眷。再爲典樂。余與希亮作仁子安琛珍而毅者蔡籌之。嘗往學焉。日日邀致。或時借宿。聽之甚慣。其爲聲也。如從琴底出。無匙撥所行之跡。心神驚悚。眞絶藝也。亇知死後其音盛行於世。今士大夫家女僕。亦有能之者。皆得亇知遺法。無瞽朦鄙習。典樂金福樂工鄭玉京尤善鼓。爲當時第一手。有枝(妓)上林春。亦寢近之。伽耶琴則有黃貴存者善彈。余未及聽。又聽金卜山之彈。當時服膺而不能已。以今觀之。則亦太質直也。近有老女召史者。自公侯家謫出。

慵齋叢話卷之一　　八

始播其音於外。其音要妙。人無與敵。亇知歛袵自以爲不能及。今有鄭凡者。盲中之最善彈。膾炙於世大笑矣。 世宗朝有許吾繼。有李勝連徐益成。勝連遇知於 世祖。拜軍職。益成往日本而死。今有金都致。年過八十。而聲猶不衰。推爲巨擘牙箏。昔有金小材者能之。而亦死於日本。其後廢絕已久。今 上留意敎之。能者相繼而出。

音樂

大抵爲樂有三。有知五音十二律之根本而爲之用者。有知節奏緩急而爲之譜者。有精於手而天機要妙者。黃孝誠知根本而能用之。又知緩急而多作譜。遇知於 世祖。官至禦侮將軍。今有朴棍者。錦川君之庶子。自少學樂。雖非伶人。而能任樂事。其才過於孝誠。爲一時善師。學者坌集其門。多出善手亦今之第一品也。

地理

我國設都邑處非一也。金海爲金官國。尙州爲沙代國。南原爲帶方國。江陵爲臨瀛國。春川爲穢貊國。皆彈丸之地。而各據其境。如今之小邑者不可勝數。慶州爲東京。新羅一千年所都。山川回互。土壤膏沃。惟蛟川一曲可遊。餘無奇勝之處。平壤箕子所都。八條爲治。井田之制歷歷猶存。今之外城是也。其後燕人衛滿所據。又爲高句麗所都。其國境南至漢江。北至遼河。擁兵數十萬。最爲强盛。高麗置爲西京。春秋往來。以爲巡遊之地。至今人物富庶。皆其餘風也。永明寺即東明王九梯宮。麒麟窟朝天石在焉。永崇殿即高麗長樂宮之基。都之鎭山曰錦繡山。最上峯曰牡丹峯。皆培塿非如松漢都主嶽之壯峻。北面無水。蒙兵得以長驅。南面帶江。妙淸據城而叛。其所恨也。城門究大。樓閣高亢。東有大同長慶兩門。南有含毬正陽兩門。西有普通門。北有七星門。八都之中。惟此都與大都相甲乙。東十里九龍山下有安下宮基。不知何代所造。疑是別宮也。成川爲松壤國。古

慵齋叢話卷之一

江東爲壤國。雖地勢狹隘。而有山水之勝。龍岡山城最壯。至今屹然不頹。該稱龍官國。不知所據也。扶餘爲百濟所都。崁峴之內。半月城基猶宛然。雖以白馬爲塹。狹窄淺露。非王者之居。蘇定方得以滅之。全州爲甄萱所據。不久降于高麗。至今有古都遺風。鐵原爲弓裔所據。稱泰封國。至今有重城古基宮闕階級。春則花卉亂發。地危勢阻。而江河漕轉爲難也。惟松都爲王氏興王之地。五百年基業所固。鵠峯爲主嶽。支分股散。山勢周遭。雖培塿之微。皆作區域。水泉清潔。坊坊曲曲。皆有可遊處。高宗以後。移入江華。此是海中小島。不可稱爲都邑也。我　太祖開國。有移都之志。先相地于鷄龍山之南。已審京邑規模。未幾而止。更定鼎于漢陽。術者云。古有孔岩在前之語。三角山西迎曙驛坪。直爲美壤。後更相之。皆山外背走之勢。不如白岳之南木覓山之北。爲帝王萬乘之地。與天無極矣。諺傳。松京山谷環抱。

有包藏之勢。故多權臣跋扈者。漢都西北高而東南下。故長子爲輕。支子爲重。至今大寶相承。名公鉅卿。率多支子也。

地理

漢城都中。佳境雖少。而其中可遊處。三清洞爲最。仁王洞次之。雙溪洞白雲洞青鶴洞又其次也。三清洞在昭格署東。自雞林第而北。清泉瀉出亂松間。緣流而上。山高樹密。岩壑深邃。行未數里。有岩斷絶成崖。水洒崖竅垂白虹。散沫如跳珠。其下貯水爲泓。其傍平衍可坐數十人。長松交蔭。其上挾岩皆是杜鵑楓葉。春秋紅影照曜。搢紳之士。多來遊焉。其上數步則演窟也。仁王洞則仁王山下。深谷逶迤。福世庵者谷水合流成溪。都人爭來射帿。雙溪洞在泮宮上谷。有雙泉成澗。金子固挾澗搆堂。種桃倣武陵。姜晉山作賦。子固文雅擅一時。故豪俊多從之遊。白雲洞在藏義門內。中樞李念義居之。詩人有題咏。然李目不知書。非名流也。青鶴洞在南學之南洞。洞深有清川可候。然山童無樹木。是可恨也。城外可遊處。則藏義寺前溪最佳。溪水出自三角山諸谷。谷裡有厲祭壇。其南有武夷精舍古基。寺前累石數十丈爲水閣。寺下數十步有遮日岩。岩斗絕枕溪。岩上有張幕窠臼。且岩石層疊如階級。奔流亂射。晴雷鬧耳。水清石白。宛有塵外勝致。衣冠來遊者不絕。循流而下數里。有佛岩刻岩留像。溪水折旋而北。又直西流。其間古置水碓而今亡。其下數里洪濟院。院南有小邱。長松滿邱。其古有亭。爲皇華易服之處。而亭廢已久矣。沙峴以南慕華館之間。左右長松栗林。重重交蔭。都人射帿迎送者多聚此。然無瀉溪清流。木覓山之南李泰院之坪。有泉瀉出于高山。寺之東長松滿洞。城中婦女洴澼衣者多往焉。我伯氏後園高岡曰種藥山。北望城都萬落。西望長江。眼界敞豁。然無澗谷。可恨也。如西有津寬中興西山等洞。北有清涼俗開等洞。東有豊壤。南有安養寺等處。皆崇山鉅溪。可遊甚者非一。然去京都不邇。近人罕有至者矣。

宴遊

風俗之不如古者多矣。古者設華筵然後用樂。先備纏頭然後請妓。饌品有制。樂奏眞勺慢機紫霞洞橫殺門等曲。傳小杯酬酢。淺斟低唱。不至呼呶伐德。今也宴品皆豪侈。蜜果皆用鳥獸之形。旣設饌案。又設饌盤。佳肴珍味。無所不陳。湯炙皆疊而不單。酒未畢。繁絃促管雜用。賁鼓屢舞不休。或憑射帳。或憑迎送。帳幕相連於都門外。終日遨遊。廢棄職事。又聚邸舍。三人相遇。必用妓樂。各司僮僕。稱貸於人。以備酒食。稍有不協。必加鞭笞。日就貧困。娼妓亦無宴幣。晨夕奔走。衣服彫弊。馳書請之者坌集。至使伶官。不得調樂也。

新來許參

古者制馭新來。所以折豪士之氣。嚴、上下之分。使就規矩也。其徵物。魚則稱龍。雞則稱鳳。酒則淸稱聖。而濁稱賢。其數亦有限。初出官曰許參。纔過十餘日。與之同坐。則曰免新。其程度甚明。

今也非徒四館。如忠義衛內禁衛暨諸衛軍士吏典僕隷。侵毒新屬之人。凡十貴味。皆督徵之。無有紀極。少或不適於己。雖過一朔。不許同坐。人人皆令設宴。若無妓樂。則侵責無已。

婚禮

古者婚家納采。只用衣希小物。婚夕宗族來會者。只擎一盤行三盃而止耳。今之納采。皆用采緞。多者數十匹。少者亦至數匹。衹用紗羅。婚夕大設宴慰客。新郞鞍子務極豪侈。亦有負財函前導者。國家著法以禁之。則預先送之矣。

古者市無二。不至騰踊。今則姦巧日甚。物半淆雜。一尺之魚。相換斗粟。一車數價。至用輸布。染家尤甚。價重難堪。豪人猶事侈美。不與之爭競。增其價而不已。城中居人。漸多。比舊十倍。以至城外。墻宇櫛比。公私營構。亦要高大。材木尠貴。深山僻谷。斫伐已盡。緣江浮筏者多苦之。雖云世道日變。而太平之世。務要禮文縟盛之所致也。

處容之戲。肇自新羅憲康王時。有神人出自海中。始現於開雲浦。來入王都。其爲人奇偉倜儻。好歌舞。益齋詩所謂貝齒赬顏歌夜月。鳶肩紫袖舞春風者也。初使一人黑布紗帽而舞。其後有五方處容　世宗以其曲折。改撰歌詞。名曰鳳凰吟。遂爲廟廷正樂。　世祖遂增其制。大合樂而奏之。初做僧徒供佛。群妓齊唱靈山會。相佛菩薩自外廷回匝而入。伶人各執樂器。雙鶴人五處容假面十人。皆隨行縵唱三回。入就位而聲漸促。撞大鼓。伶妓搖身動足。良久乃罷。於是作蓮花臺戲。先是設香山池塘。周挿彩花高丈餘。左右亦有畫燈籠。而流蘇掩暎於其間。池前東西。置大蓮萼。有小妓入其中。樂奏步虛子。雙鶴隨曲節翺翔而舞。就啄蓮萼。雙小妓排萼而出。或相向或相背。跳躍而舞。是謂動動也。於是雙鶴退處容入。初奏縵機。處容成列而立。有時彎袖而舞。次奏中機。處容五人。各分五方而立。拂袖而舞。次奏促機。繼為神房曲。婆娑亂舞。終奏北殿。處容退列于位。於是有妓一人。唱南無阿彌陁佛。群從而和之。又唱觀音贊三周。回匝而出。每於除夜則一日夜。分入昌慶昌德兩宮殿庭。昌慶用妓樂。昌德用歌童。達曙奏樂。各賜伶妓布物。為闢邪也。

宴戲

觀火之禮。軍器寺主之。預先設具於後園。有大中小例。所費甚廣。其法以厚紙疊裹砲筒。中納石硫黃鹽硝班猫柳灰等物。堅塞築之。付火其端。則須臾烟生火熾。筒紙皆破。聲振天地。其始也埋置火矢於東遠山。以千萬計。火入則矢無數抽上射于天。隨破有聲。狀如流星。滿空燁燁。又樹長竿數十於苑中。竿頭設小包。 御前懸彩籠。自籠底結長繩屬諸竿。橫縱連亘。每繩頭置矢。軍器寺正奉火遂納籠中。須臾火起。焰落于繩。矢從繩而馳觸于竿。竿有小包。包折火光回斡。如轉輪之狀。矢又從繩而馳。觸于他竿。如是馳觸相繼不絕。又作伏龜形。火從龜口而出。

烟焰亂瀉如水流下。龜上立萬壽碑。火明碑裡牌面字亦昭灼。又於竿上捲畫簇。以繩結之。火從繩而上。火盛繩絕。則畫簇下張。簇中書字。歷歷可辨。又作長林。刻爲花葉蒲萄之形。火生一隅。須臾冒焚林樹。火盡烟滅。則紅葩翠葉。馬乳下垂之狀。眞僞莫辨。又優人蒙假面。背上負木板。板上設包。包折火盡。猶自呼舞。曾不畏怕。此其大略也。　上御後園松岡。命召文武二品以上宰樞入侍。夜深乃罷。

驅儺

驅儺之事。觀象監主之。除夕前夜。入昌德昌慶闕庭。其爲制也。樂工一人爲唱師朱衣着假面。方相氏四人黃金四目蒙熊皮執戈擊柝。指軍五人朱衣假面着畫笠。判官五人綠衣假面着畫笠。竈王神四人青袍幞頭木笏着假面。小梅數人着女衫假面上衣下裳皆紅綠執長竿幢。十二神各着其神假面。如子神着鼠形。丑神着牛形也。又樂工十餘人。執桃茢從之。揀兒童數十。朱衣朱巾着假面爲侲子。唱師呼曰。甲作食殈。佛胃食虎。雄伯食魅。騰簡食不祥。攬諸食姑伯。奇食夢强梁祖。明共食磔死寄生。委陷食櫬。錯斷食拒窮奇騰。根共食蠱。惟爾十二神。急去莫留。如或留連。當嚇汝軀。泣汝幹節。觧汝肉。抽汝肝腸。其無悔。侲子曰喩。叩頭服罪。諸人唱鼓鑼時。驅逐出之。

僧敎

新羅高麗崇尙釋敎。送終之事。專以供佛飯僧爲常。逮我 本朝。太宗雖革寺社奴婢。而其風猶存。公卿儒士之家。例於殯堂聚僧說經。名曰法席。又於山寺設七日齋。富家爭務豪侈。貧者亦因例措辦。耗費財穀甚鉅。親戚朋僚。皆持布物往施。名曰食齋。又於忌日邀僧先饋。然後引魂設祭。名曰僧齋。 成廟崇正學闢異端。凡干佛事。臺諫極言其弊。由是士大夫家畏憲章物議。雖遭喪忌。俱依法行祭。不供僧佛。其因仍不廢者。惟無賴下民。然不得恣意爲之。又嚴度僧之禁。州郡推刷無牒者。長髮還俗。中外寺刹皆空。物盛而衰。理所然也。

兩司

臺官諫官。雖云一體。其實不同。臺官糾察風敎。諫官正君過失。臺官一位嚴於一位。持平下階迎掌令。掌令迎執義。執義以下迎大憲例也。常時坐茶時廳。齊坐之日。坐齊坐廳。其日早晨。四臺長先入其廳。執義別入其廳。若下官未至。則雖上官先至。而寓諸依幕。待下官然後乃入。大憲入門。四臺長祇迎中門外。執義祇迎中門內。還就其廳。大憲坐大廳。都吏詣臺長廳。高唱齊坐四聲。詣執義廳。唱齊坐一聲。又詣大憲前唱齊坐一聲而退。執義從大廳北牖。捲簾而入。行再拜禮訖。四臺長從庭下北門而入。列立階上。然後升廳上。再拜禮訖。諸監察入庭請謁。分臺書吏。奔走來告。監察以次升廳。行禮而退。書吏羅將。各以次入再拜。於是各就坐。大憲奇倚。其餘皆繩床。有吏六人。各執湯藥鍾就跪諸位前。一吏唱曰奉藥執鍾。唱曰正飮則飮之。唱曰放藥則去鍾。又一吏唱曰正坐正公事。諸位起揖還坐。遂鋪圓議席於堂上。皆下坐有拜職者。則署而經之。有彈駁之事。論駁之。是日廳事畢。執義以下還就其廳。皂隸在中門內。唱申時者三。又有一吏在門內。唱曰公廳封置。臺長可出。於是各以次祇送。其行路時。亦以次各行。此其臺例也。諫官則不然。無尊卑之禮。上下不待而入。若上官先至。而下官後至。則雖上官亦北面而立。立待下官。相揖就坐。齊坐之日。飲藥行公。一如臺府。鋪完議席設酌。以鵝卵盃相酬酢。酣醉乃已。又就後苑茅亭。脫衣偃臥。院中清冷無物。我或用先生案。或用豹鹿皮。或摘苑中梨棗。循環賣於各司。如得布物。必充酒食費。常時所需。專仰於憲府。拜諫職者。必依例設宴。請同僚而飲之。諸處會飲。亦往叅焉。

監察

監察者。是古殿中侍御史之職。其中級高者爲房主。與上下有司。入內房正坐。其外房則以拜職久近爲座次。其中居首者。爲枇房主。新入者呼爲新鬼。侵辱萬狀。房中有長木如椽。令鬼擧之。名曰擎笏。不能擧則鬼以膝納于先生前。先生以拳毆之。自上而下。又令鬼作捕魚之戲。鬼入池水中。以紗帽挹水。衣服盡汚。又令作捉蛛之戲。鬼以手捫摩厨壁。兩手如漆。又使盥手。水甚穢黑。令鬼飮之。無不嘔吐。又鬼以厚白紙作刺書緘。日日投先生家。又先生無時到鬼家。鬼倒着紗帽出迎。設酌堂中。先生各挾一女而坐。謂之安枕。酒酣唱霜臺別曲。至臺官齊坐之日。始令許坐。翌日凌晨詣廳。上官臺吏齊行入謁。庭中。禮未畢。夜直先生自房內持木枕。大呼擊之。新鬼走出。如或遲回。必遭其捧。風俗所由來者已久。　成宗惡之。凡侵虐新來者痛禁。其風小戢。仍舊不廢者亦多。

政院

承政院爲喉舌之職。出納王命。其任最重。得拜承旨者。人皆望若神仙。俗謂之銀臺學士。先是。城門宮門。皆因罷漏而開。人定而閉。承旨等四更詣闕。待開而入。夜深還家。南怡之亂。 睿宗命宮門。平明而開。乘昏而閉。人皆安之。亦無弊事。至今遵之。先是。承旨只一人入直。 世祖朝承旨李浩然入直。飮酒醉臥。世祖下問公事。浩然不能起。自是每二人入直。先是。承政院皂隸皆帶銀牌紫衣。別抄隨之。 世祖罷別抄。只置數人。屬司贇院。而諸處醞賜時。以紫衣往叅而已。

詔使

天使到國都謁聖

天使到我國者。皆中華名士也。我得聞之者。周倬能文。作陶隱集序。祝孟獻能詩與書。尤長於翎毛。揮洒與人者無限。至今民間多有手跡。景泰初年。侍講倪謙給事中司馬詢到國。詢不喜作詩。謙雖能詩。初於路上不留意於題詠。至謁聖之日。謙有詩云。濟濟青襟分左右。森森翠栢列成行。是時集賢儒士全盛。見詩哂之曰。眞迂腐敎官所作。可袒一肩而制之。及遊漢江。作詩云。纔登傑構縱奇觀。又棹樓舡泛碧湍。錦纜徐牽緣翠壁。玉壺頻送隔雕欄。江山千古不改色。賓主一時能盡歡。遙想月明人去後。白鷗飛占鏡光寒。又作霽登樓賦。揮毫洒墨。愈出愈奇。儒士見之。不覺屈膝。館伴鄭文成不能敵。　世宗命申泛翁成謹甫。往與之遊。仍質漢韻。侍講愛二士。約爲兄弟。相與酬唱不輟。竣事還也。抆淚而別。壬申年間。給事中陳鈍到國。是時　文宗新陟。鈍作吊朝鮮國王賦。　世祖朝翰林陳鑑太常高閏到國。翰林見畫蓮作詩云。雙雙屬玉似相親。出水紅蓮更逼眞。名播頌聲緣有客。愛從周後豈無人。遠觀自可袪煩暑。幷立何曾染俗塵。料得丹青知此意。絕勝鵝鴨惱比隣。朴延城爲館伴。次韻云。水鄉花鳥邈難親。筆下移來巧奪眞。菡萏初開如欲語。鷺絲閑立不驚人。淤泥淨色還無染。氷雪高標迥脫塵。玉署遊仙看不厭。清儀馨德與相隣。從事李胤保之所作也。又作喜晴賦。金文良即依韻次之。翰林大加稱賞曰。東方文士與中華無異

詔使到平壤謁箕子廟

天使到我國責東國擅殺人民事

矣。太常爲人驕傲。謁聖之日。作古風。令儒士次之。或有停筆未就者。太常大書曰。詩不成者五人。後有願賡之者。雖千百其篇可也。其慢人如此。其後陳給事中嘉猷到國。謁箕子廟。作詩云。炮烙烟飛王氣衰。佯狂心事有琴知。言垂千載存洪範。人到三韓謁舊祠。爲人美容姿。鬚髯如畫。信乎人與才兩美也。其後給事中張寧以我國擅殺野人事來問。到洪濟院。留不進曰。王世子何故不出迎。命左承旨李承堪。答之曰。世子年少有病未來耳。給事曰。昔周公負成王朝諸侯。世子年雖少。不可負來乎。承旨答曰。周公負成王。是武王崩之後。成王幼弱未臨朝也。若武王尙在而莅國。則安有負成王之理。且天子之命。委諸草野而不須告之乎。給事大笑而起。爲人風標俊逸。意氣豪毅。副使武忠。於舘宴之日。見妓紫洞仙屢目之。給事謂舘伴曰。武大人出於燕趙之間。長於歌吹之場。眼閱萬里。無以暢懷。不如慰而安之。遂邀佳妓數人。入房設酌。談笑諧謔。忠自以爲得計。夜已深給事到中門踞胡床。一一點妓名而逐之。扃鎖而入。忠懊恨不自勝。忠金帶職高。給事角帶職卑。而顚倒制馭如此。平壤舟中詩云。平壤孤城發曉裝。畫舡簫鼓麗春陽。烏落邊雲盡青山出。渡口潮通碧海長。共喜皇恩同大地。不知身世是他鄉。青尊且莫頻相勸。四牡東風路渺茫。遊漢作詩十首。其一曰。東國有高樓。樓前漢水流。光搖青雀舫。影落白鷗洲。望遠天疑盡。凌虛地欲浮。八窓風日好。下榻重淹留。餘九首亦臻絕妙。又作豫讓論。論古人所不言之事。大抵詩文皆飄飄然有凌雲出塵之思。非他俗子所可彷彿也。其後太僕丞金湜中書舍人張珹到國。湜善詩。尤長於律。筆法臻妙。畫行八神。人有求畫者。以左右手揮洒與之。又畫一簇。呈于　世祖。世祖令畫士移描加彩。又令文士作詩。言脫胎換骨之意。請宴之日。掛諸壁間。太僕初見不識。熟覩大笑曰。此大王顛倒豪傑處也。天使詩曰。新試東藩雪苧衫。夜深騎鶴過江皐。玉簫聲透青天月。吹落丹山白鶴毛。申高靈詩云。天上遊仙蜀纈袍。筆端清興寄林皐。青邱正値千年運。玉葉瓊枝化翠毛。金乖崖詩云。十載春風染舊袍。貞姿會見雪霜皐。誰教白質還青骨。變化中山一纈毛。李文簡詩曰。霜雪曜姿換技翠袍。籜龍風雨變江皐。歲寒結得枝頭實。栖集丹山五彩毛。徐達城詩云。此君奇節可同袍。玉立亭亭萬丈皐。龍騰變化應多術。一夜風霜換骨毛。金福昌詩云。苦節何曾換故袍。枉教堅白辨湘皐。晴窓披得鵝溪繭。依舊青青頰上毛。然太僕性貪。多受財賂。臨行雖脯果雜物。皆親自束縛。又多請鐵物而去。時人謂之鍮器長商士。中書亦能詩。然見倡妓。必欣然顧笑。李明憲謂同件曰。上使戒之在得。副使戒之在色也。

成廟初年。工部員外郞姜浩與宦官金興同時到國。員外一不論文作詩。日夜縱酒。不曾迷醉。戲占一聯曰。白玉盤中。盈盛櫻桃呈使星。譯官金孟敬對曰。黃金盃裡。滿斟美酒勸皇華。員外曰。譯官如是。國之人才衆盛可知矣。昔黃儼占聯云。雨洗荷花。三千宮女皆沐浴。風吹竹葉。十萬丈夫共喧嘩。正此類也。其後戶部郎中祈順。與行人張瑾。一時而來。謁文廟焉。戶部純謹和易。善詩賦。上待之甚厚。戶部慕上儀采曰。眞天人也。盧宣城徐達城爲館伴。余與洪兼善。李次公爲從事官。以備不虞。達城曰。天使雖善作詩。皆是宿構。不如我先作詩以希賡韵。則彼必大窘矣。遊漢江之日。登濟川亭。達城出呈詩數首曰。大人逸韵。僕未能酬。今綴蕪詞。仰希高和。戶部微笑一覽。即援筆寫下。文不加點。如百濟地形臨水盡。五臺泉脉自天來之句。倚罷高樓不盡情。又携春色泛空明。人從竹葉盃中醉。舟向楊花渡口橫之句。又作江之水辭。乘舟順流而下。至于蚕嶺不停輟詠。達城膽落。岸帽長吟而

天使至平壤府進文廟謁聖

天使謁箕子廟及謁其墓述吊文

已。金文良舌呿不收曰。老賊誑人太甚。近來我不針炙。詩思枯涸。故如此受苦耳。不能措一辭。人皆笑之。董侍講王給事之來。余爲平安監司。迎命於安州。侍講到平壤黌堂謁聖。見宣尼土像曰。與中朝一般。舘伴許陽川曰。土像有類浮屠。故王城伴宮不造像而用位版。侍講曰。此是良法也。又至檀君廟。見東明王位版曰。此漢人也。又至箕子廟。摩挲碑碣。高聲讀曰。佳作也。恨無庇雨之閣也。又至其墓。巡廻塋域。遂作吊辭。慷慨不歇。又泛舟大同江。與陽川論江山之勝。是時微雨。余請留。侍講曰。王事有程。不可留也。郎中吟東坡淡粧濃沫摠相宜之句。余指浮碧樓曰。彼亦前賢所遊之地。願陪大人一陟。侍講欣然從之。登樓四顧曰。風景無雙。適雨歇。侍講曰。主人欲留客則雨。客欲行則晴。天意皆知賓主之情矣。相揖而去。及竣事還也。余奉兩使。順流而下。漁人布網得魚。魚撥刺揚鬐。兩使歡甚。遂貯盆中而縱之。仍令促膾曰。鮮美無右虞人捕雉而來。侍講手撫而嗅之曰。吾欲效子路之拱。放雉於林間曰。任汝飛去。至南湖登小樓而憩。虞人又捕獐而至。侍講繫獐於百步樹。令武士射之。中則拍手大笑。給事曰。君子遠庖厨也。大人何忍見之。侍講曰。如牛馬有益於人者不忍殺。獐鹿無益於人。而宜於食。殺之何害。見故都市井曰。此是何處。余答曰。此是箕子遺墟。行井田法之處也。余潛令人奏絲管於村落間。侍講問曰。此何聲。余答曰。箕子莅治之後。遺風未殄。家家尙弦歌也。侍講曰。眞禮義之邦也。見路上觀光婦人曰。此何人。無乃州官妻乎。譯官答曰。此是城中倡妓也。州官皆士族之人。閨門有範。妻妾豈出於路乎。給事曰。早知如此。當縱目觀矣。至風月樓。臨池歎賞曰。最是佳處。雖中朝罕有如此之區。余請樓記。侍講曰。主人隨我遠行。則當製呈之。余不得已行。之安州而送之。侍講曰因作記贈余。兩使於路上見峯巒。皆問其名。若遇奇岩恠樹。必駐馬吟賞。花草。稍有姸美者。亦必把而翫之。待人温謹。若問中朝之事。悉陳無隱。待講詩文俱清贍。筆憑晋跡。給事詩與書亦皆豪宕。眞一雙連璧也。然詔勅分迎之事。有違於禮。未免東人所譏也。兵部郎中艾璞與行人高允善偕到國。依董侍講之例。分迎詔勅。郎中務要速還。終日捿捿無閑暇之時。禮畢還館。　上往設下馬宴。郎中飲一盃

兩詔使到國都謁聖

而入。翌日未明。兩使至成均館。館伴宰樞皆不及。將盥手謁聖。館人未及進帨。郎中大怒。見中門曰。我從狗竇入乎。升明倫堂

天使與國王相揖

儒生半入庭中。郎中出走。　上令承旨再三請之。兩使詣闕。與　上相揖。立飲一盃而出。　上追至太平館。欲行餞宴。至御室未及相會。兩使遽出門欲升轎。　上出曰。大人行止何悤遽如是。郎中不從命曰。殿下先往城外待之。　上不得已先行。於是。文武百僚衛卒儀仗供給之吏樂官伶妓奔走喘汗。　上至慕

華館未下輦。郞中追及之。上欲邀入。郞中不從命。强請然後乃入。是日畏景下爍。上久立風埃中。人皆痛憤。郞中謂館伴曰。我之奉使無淹留之弊。且不受禮物。我之淸德。帝何由知。汝國當以此奏聞于朝。則帝必褒之矣。人有聞者。無不誹笑。郞中不作詩。畢竟投數首而去。詩語稚澁。副使又作盧館伴傳。麁鄙莫甚。至今國家呼輕薄釣名者。謂之艾璞。今上卽位之年。大監金輔李珍奉詔而來。行人王獻臣亦隨之。獻臣年少人也。先令遼東移咨我國。諭以不受贐物淸節之義。人皆笑之曰。使人欲知之淸。豈如使人欲勿知之淸乎。及到國。不占一聯曰。人當務本。安用末技爲。人皆笑之曰。自不爲耳。安用大言誇詡於人。文雅之事。一不留意。惟守禮之末節。苟或小差。必見詬怒。國人以此少之。

慵齋叢話卷之一終

慵齋叢話卷之二

集賢

世宗設集賢殿。揀文士有名者二十人。兼帶經筵。凡諸文翰之事。悉委任之。早仕晚罷。日官奏時。然後乃得出。朝夕飯時。以內官爲對客。其隆待之意至矣。由是爭相勸勉。雄才鉅士多出。如鄭河東鄭蓬原崔寧城李延城申高靈徐達城姜晉山兩李陽城兩成夏山金福昌任西河盧宣城李廣城洪益城李延安梁南原及成三問朴彭年李塏柳誠源河緯地。皆傑然者也。其餘有名於文苑者。不可勝數。丙子之亂。　世祖命罷集賢殿。揀文臣數十人稱兼藝文。日日引見論思。及　成廟即位。依集賢殿。復設弘文館。又以本官兼經筵。待之尤厚。每賜宣醞。又招聚承政院。令承旨對飲。多賜奴婢。以備役使。又令皂隸皆帶銀牌。又作堂于龍山江上。舘官分番讀書。又於上巳中秋重陽佳節。命遊郊外。優賜酒樂其寵榮至矣。而有文名者。不似 世宗朝之盛也。

科擧

前朝科擧。只有知貢擧一人。同貢擧一人。預先差定。未免有紅粉亂[乳]臭之誚。國初猶襲舊弊。至 世宗改定格例。皆用先制也。吏曹書試官可當人。臨時入啓受 點。試官承命分往試所。三館聚擧子。其曉頭一一呼名納于棘圍。搜挾官分立門外。搜括衣襟箱篋。文書如有挾持者。捉付巡綽官而縛之。場外則一式年停擧。場內則二式年停擧。天未明。試官出大廳。張燭而坐。儼若神仙中人。三館入庭。定均擧子之坐則出。天明張榜出題。當午收卷子。踏印還給三館。登屋上擧大鐘。呼先生。臨庭呼新來。又書虛榜唱之。皆古風也。日西鳴鼓促之。文成呈于收卷官。傳付謄錄官。書字號於卷兩端。又書勘合而分割之。一則封名。一則所製文也。封彌官受封名退在別處。謄錄官聚書寫人等。用朱傳寫文卷。查同官讀本草。枝同官准朱草。進乎試官。品題高下然後令封彌官坼封名而書榜。講經之法。書字號付於四書五經。又書字號於栍貯筒中。擧子書所講書名而納之。試官抽栍。如抽天字。則考經書所付天字。只書大文以授。擧子讀大文釋之。試官講論註疏。胥吏書通略粗不四字。以爲講籤。各置於試官前。一書講畢。則胥吏持虛楪。從下而上。試官以次點講籤。從多取之。相等從下。初場講經分數。與中終場製述分數通計。其取之非一人。閱非一手。國之公道。惟有科擧也。

文廟世子

古東宮在景福宮。即大內東也。　文廟爲世子。二十餘年常御此宮。書筵侍講之處。爲資善堂。受朝百官之處。爲繼照堂。　世宗末年違豫。不親萬機。　文廟代決機務。揀朝官賢有名者爲詹事。集賢殿十八人爲經筵。十八人爲書筵。繼照堂在東宮外庭。今則撤去無基。　世祖時經廳入處東宮。又藏書冊於東別室。名曰弘文館。資善堂後爲。文宗魂殿。曰景禧。又爲世祖魂殿。曰永昌。又爲貞熹王后魂殿。曰泰慶。又爲成宗魂殿。曰永思殿。文廟聖學高明。文章華美。筆法神妙。諺傳千紅萬紫鬪春風。春盡都無一點紅之句。則文廟所製也。在東宮時。出金橘一盤。送于集賢殿。橘盡。盤中書即御製橘詩。半草行書。詩曰。栴檀偏宜鼻。脂膏偏宜口。最愛洞庭橘。香鼻又甘口。詩與筆皆絕代奇寶。諸學士欲描傳寫。自內催入。爭扶盤不忍釋焉。朝廷患棘城厲疾。遣官設祭。集賢殿製文入啓。文廟御筆改題。詞意俱贍。曉喩甚切。文詞灝灑。人皆嘆服不已。設祭後。疾勢漸息。至今民安物阜。且天性至孝。事上必盡誠。世宗嘗嗜櫻桃。文廟手植之。至今滿宮皆櫻桃樹也。奉喪極哀毀。欒棘愁容。所不忍覩。議廟時。欲用孝字。以其偏於德。故以文謚之。余少時。倪司馬兩天使到國。文廟以世子出迎詔命。望見天顏美渥。

龍髯甚長。雄偉不常也。

三館風俗。南行員尊其首爲上官長。敬謹奉之。新及第分屬者。謂之新來。侵辱困苦之。又徵酒食無藝。所以屈折驕氣也。始仕曰許參。終禮曰免新。然後與舊官連坐。開筵設酌。則末官以左手執女。右手執大鍾。先呼上官長者三。又細聲呼者三。上官長微應呼亞官。則亞官亦大聲呼之。下官不勝則有罰。上官不勝則無罰。雖位高大臣。不得坐上官長之上。與三官間坐呼。正一品五大字一品四大字二品三大字三品堂上二大字。堂下官只呼大先生。四品以下泛呼先生。各擧姓而稱之。呼畢。又呼新來者三。又呼黑新來者三。黑者女色也。新來倒着紗帽。以兩手負背低首至就先生前。以兩手圍紗帽而上下之。名曰禮數。誦職名。自上而下則順銜。自下而上則逆銜。又令作喜形曰喜色。作怒形曰悖色。言其別名。使爲其狀曰三千三百。其侵辱多端。

侵新來

不可勝言。放榜慶賀之日。必邀三館。然後設筵行禮。若有新恩不恭。得罪於三館。則三館不往。新恩亦不得遊街。三館初到門。一員擊鼓唱佳官好爵。諸吏齊聲應之。以手擎奉。新恩下上之曰慶賀。又慶父母族親曰生光。最後又奉女人。而慶之曰乳母。又新恩聯榜。拜謁于議政府禮曹承政院司憲府司諫院成均館藝文館校書弘文館承文院諸司先生。多徵布物。以爲飮宴之需。春時校書館先行之。曰紅桃飮。初夏藝文館行之。曰薔薇飮。夏時成均館行之。曰碧松飮。乙酉夏。藝文館聚三館飮于三清洞。學諭金根泥醉還家。檢詳李克基路遇之。問交友從何來。何醉之至此。根答曰食薔薇而去。人有聞者皆齒冷。

成均

成均館專掌敎訓。國家設養賢庫。以館官兼之。常養儒生二百人。上黨府院君韓明澮啓建尊經閣。多印經籍藏之。廣川君李克增。啓構典祀廳。余亦啓建享官廳。其後改搆聖殿東西廡及食堂又賜布五百餘匹。米三百餘石。又賜學田。以備館中之需。李克增啓今承聖恩。多受米布。乞備酒食。聚朝中文士及諸儒生。以爲斯文盛事。 成廟允之。於是文士大會明倫堂。饌品極精。承旨賚宣醞及御厨珍味。絡繹不絶。癸丑秋。幸成均館。祀先聖先師。退御帳殿于下輦臺。文臣宰樞入侍殿內。堂下官文臣分庭列坐。八道儒生雲集京師。無慮萬餘人。上下皆插花叅宴。新製樂章。奏而侑之。各司分掌設饌。 上頻遣內臣督察之。人皆醉飽。自前昔所未有也。

大抵任函丈者。受業於其師。徒附口舌。不知文理。又執已見。膠固不通。俞提學鎭。論大學序。極知僭踰之說曰。我心若謂極知大學之理。則是有僭踰之志也。李司成文興曰。一說余極知其僭踰。而無所逃罪。一說如俞提學所言。此語當兩般看耳。潘司藝佑享云。論語爲政以德。若先釋德字。而後釋以字。則是未免有力。不如先釋以字。而後釋德字。則聖人自然之效也。如此偏着處。不可勝記。常坐講堂。爭相是非。或至怒形於色。雖有達理者。不能折其鋒。

門閥

當今門閥之盛。廣州李氏爲最。其次莫如我成氏。廣李自遁村以後漸大。遁村之子叅議之直。叅議之子三。曰長孫舍人。曰仁孫右議政。曰禮孫觀察使。舍人之子克圭今爲判決事。議政有五子。曰克培領議政廣陵府院君。曰克堪刑曹判書廣城君。曰克增廣川君。曰克墩吏曹判書廣原君。曰克均知中樞。皆階一品。四人以功封君。廣城雖早卒。其子世佐今廣陽君。文子文孫。羅列崇班。相繼不絶。我成氏自昌寧府院君以後漸大。府院君有三子。長石璘左政丞昌寧府院君。次石瑢留守。次則我曾祖禮曹判書公也。政丞之子發道左叅贊。留守之子達生判中樞。曾祖槪爲觀察使。曾祖有三子。長則我祖知中樞。次柳右叅贊。次扱僉知中樞。我考兄弟三人。考居長知中樞。次則右議政昌城府院君。次則刑曹參判。我兄弟三。伯氏為左參贊。仲氏為正言。季則不穀。昌城之子參議慄以後不振。參判之子三人。長俶同知中樞。次俊兵曹判書。次健刑曹判書。不穀亦為禮曹判堂。昆弟三人。一時為三曹判書。古今所罕有也。

南大門外。承旨不絕。我祖恭度公。考恭惠公。叔襄靖公。伯氏文安公。笠城柳公。益城洪公。西平韓公。近余與韓西川愼成之姜用休。皆拜此職也。

新羅王於正月十五日幸天泉亭。有烏銜銀榼置于王前。榼裡有書。封之甚固。外面書曰。開見則二人死。不開則一人死。王曰。二人殞命。不如一人殞命。有大臣議曰。不然。一人謂君。二人謂臣也。於是遂開見之。其中書曰。射宮中琴匣。王馳還入宮見琴匣。持滿射之。匣中有人。乃內院焚修僧與妃通者也。將謀弒王。

藥飯

其期已定。妃與僧皆伏誅。王感烏之恩。每年是日。作香飯飼烏至今遵之。以爲名曰美饌。其法洗蒸粘米作飯。細切乾柿熟栗大棗乾蕨烏足茸等物。和淸蜜淸醬而再蒸之。又點松子胡桃之實。其味甚甛。謂之藥飯。俗言食飯當於鴉未起之時。蓋因天泉之事也。

驅儺

歲時名日所擧之事非一。除夜前日。聚小童數十名爲侲子。被紅衣紅巾。納于宮中。觀象監備鼓笛。方相氏臨曉驅出之。民間亦倣此事。雖無侲子。以綠竹葉紫荊枝益母莖桃東枝。合而作箒亂擊櫺戶。鳴鼓鈸而驅出門外。曰放枚鬼。淸晨附畫物於門戶窓扉。如處容角鬼鍾馗幞頭官人介冑將軍擎珍寶婦人畫雞畫虎之類也。除日相謁曰過歲。元日相謁曰歲拜元日人皆不事。爭聚梟盧之戲。飲酒游樂。新歲子午辰亥如之。且兒輩聚蒿草燒園苑。亥日曰薰豵喙。子日曰薰鼠。諸司限三日不仕。爭往親戚朋僚投名刺。而大家則設函受之。近年以來此風頓革。亦可以觀世變也。是月十五日爲元夕。設藥飯。二月初一日花朝。乘曉散松葉於門庭。俗言惡其臭虫而作針辟。三月三日曰上巳。俗言踏青之節。人皆出遊郊野。有花則煎蕊設酌。又採新艾葉作雪糕而食。四月八日燃燈。俗言釋迦如來誕生辰也。春時兒童剪紙爲旗。剝魚皮爲鼓。爭聚爲羣。巡閭巷乞燃燈之具。名曰呼旗。至是日家家樹竿懸燈。豪富者大張彩棚。層層萬盞。如星排碧落。都人終夜遊觀。無賴少年或仰而彈之以爲樂。今者不崇佛敎。雖或設之。不如昔之盛也。五月五日曰端午。懸艾虎於門。泛菖蒲於酒。兒童編艾。菖蒲作帶。又採蒲根以爲鬚。都人樹棚於衢市。設鞦韆之戲。女兒皆靚粧姣服。鬧於坊曲。爭扶彩索。少年羣來推挽之。淫謔無所不至。朝廷禁而戢之。今不盛行也。六月十五日曰流頭。昔高麗宦官輩。避熱於東川。散髮于水。浮沉而飲酒曰流頭。世俗因以是日爲名辰。作水團餅而食之。蓋槐葉冷淘之遺意也。七月十五日俗呼爲百種。僧家聚百種花果。設盂蘭盆。京中尼社尤甚。婦女坌集。納米穀唱亡親之靈而祭之。往往僧人設卓於街路而爲之。今則痛禁而小戢。中秋翫月。九日登高。冬至豆粥。庚申不眠。亦皆古之遺意也。

如有奉命出使者。則朋僚皆邀迓設酌。又於發行之日。亦皆出郊送之。雖勳貴大臣。未免俗態。惟洪益城承命詣闕而已。他無所詣。亦不曾迎餞。至於赴京之使及各道監司發行之日。遺錄事持一壺往餞之。時人以爲眞得宰相之體。洪仁山登第未幾。佐　世祖靖難。得寵於上。多受賞賜。兼務畜積。藏鏹鉅萬。米穀倍之。鄕奴輸物納第者不絶。輜馬塞塗門外。列鼎者幾至萬人。大起甲第。臨池有堂。　世祖書傾海二字賜之。招聚名儒鉅士。無日不設宴。饌品豐腆。雖何曾萬錢之食。不能過也。絲竹嘹亮。

晝夜不絕。坐客畏威。無不引滿。倒載還家。伶妓纏頭所用亦無數。享富貴二十餘年。聲勢燀赫。嘗見路上有象戲者。乃曰遊民不事產業。徒費居諸。不可不罰。遂令其人食犬矢。其人嚼而食。又令食其象子。其人嚙而不能呑。公遂捧之。其後公稍悟棋理曰。老年破寂。莫如此戲。每邀棋僧。與之相對。余少時見眞逸先生。與盧宣城崔勢遠。值春場之迫。冬夜讀書於山房。忽燈滅。爐中灰寒亦無火。是時無月。雪深沒脛。先生步歸五里外村家。求火而來。其篤志如此。又善卜筮。常曰。子胖位極人臣。勢遠亦當有名於朝端。我雖辛苦做業。恐壽不長也。先生病在床。大夫人垂涕問疾。先生曰。我非夫人之子。我兄弟終當爲宰相。是孝夫人者也。其後皆如其言。崔勢遠多讀經史。善談論。與沈深源夾澗而居。沈家每邀鄰友。設酌博奕。日以爲常。深源一日與友飲娼家而還。夫人大恚。勃磎不已。奪馬不許出。又閉門不納。隣友尹士傑等坐列澗邊不得渡。勢遠散步大噱曰。彼邊應有事變。汝等不得越江耳。蓋擬言兩界之事也。

崔勢遠嘗言。余與金瓘同遊泮宮。聲名藉甚。同朋推奬。余亦望如泰山。常趨下風。及登司馬試唱榜之日。余在前列拜上位。而金瓘在余後拜余臀。眞可笑也。又言。余於殿講之日。整襟坐龍繡席上。試官問經義。如探盜賊。余左右荅如驕馬嚙朋。遂爲第一。放榜遊街。從長通坊而下。雙蓋如飜簾衣。優夫踊躍如翔翟。余跨紫騮馬。控轡騰驤。至楚腰輕家前。謂優夫曰。此間有聞者。汝可高唱。優夫呼御許郞。聲遏太空。楚腰輕聞其聲。掠揷雲鬟被栢子膏所汚草綠䄌衣。捲紅袖倚門出覘。余令前卒往謂之曰。汝常驕傲不從余言。今日之事果如何哉。余若爲禮曹佐郞。汝能堪捶楚乎。楚腰輕怒興鼻角。微友唇。踉蹡還入曰。臀上得拂塵灰矣。又言。余登第須爲密陽府使。以如萬里長城之腰。着風牧丹亂髮之銀帶。清川之畔。以白雲之帳幕。向夕陽高張。余踞。如黑龍卵之倚子。攘臂指揮。此余所欲也。伯氏作詩曰。萬里長城銀作腰。隨風牧丹亂嬌嬈。白雲帳捲斜陽裡。高據胡床手勢豪。

余家西山之陽。有尼社。甲戌七月既望。尼社設盂蘭盆會。士家婦女多歸之。女輩登後松岡避暑。松間菌蕈多生。香嫩可採。女輩貪共烹食。多食者顚仆氣絶。少食者發狂呼叫。或唱歌起舞。或悲惋啼泣。或嗔怒相擊。飮汁嗅氣者但眩瞖而已。予女鬪之者。被髮奔走而來。尼社不能容。或於山麓。或於田中。各擁病者而救之。路上觀者如市。若言善呪人者。爭邀呪腹。又於銀盂貯不潔。以玉手和水投之。禊齒投瀉。上下貴賤。混處莫辨。過午始得蘇醒。或有因此病發者。

匪懈堂以王子好學。尤長於詩文。書法奇絶。爲天下第一。又善畫圖琴瑟之技。性又浮誕。好古貪勝。作武夷精舍于北門外。又臨南湖。作淡淡亭。藏書萬卷。招聚文士。作十二景詩。又作四十八詠。或張燈夜話。或乘月泛舟。或占聯或博奕。絲竹不絕。崇飲醉謔。一時名儒無不締交。無賴雜業之人。亦多歸之。棋局與子皆用玉。亦用金泥塗字。又令人織紬綃。卽縱筆揮灑。眞草亂行。人有求者。卽擧與之。事多類此。聞吾仲成侃氏有名。伻人邀之。仲氏往謁。賡賦亭中諸詩。詩語高絕。遂敬待而送之。期以後日再會。大夫人謂仲氏曰。王子之道。當閉門麾客。謹愼無他。豈有聚人作朋之理。其敗可待。汝勿與交。其後再三招之。竟不往。未幾敗死。一門皆服大夫人之藻鑑也。

柳方孝泰齋先生之弟。與沈濬尹福居南大門外。俱以父玹。未得齒於仕路。家皆殷富。畜聲妓。每邀客沉飮。隣里稱爲三老。雖無赫赫才名。以酒色自娛。亦是一時之傑也。方孝稍知音律。朝中名士無不邀致設宴。饌品豐腆。日以無常。而家財不窘。晚年官至四品。金叅判鈕字子固。平壤府院君趙浚文忠之外孫。出於紈綺。少時放浪不檢。然好學能屬文。又善行草。其琹韻亦妙。累捷巍科。年雖少而所交皆一時鉅卿。好設宴。其飲器諸玩。皆極豪侈。文雅擅一時。築書齋於南江。又於泮宮北谷。作雙溪堂。每春時邀朋。賦詩酣飲自適。人以三絕目之。能詩書與琹也。暮年兩足痿痺。不能起居。然談論觴詠自若。每騎竹輿。登山逐雉。若到朋家。置輿與之坐話。蔡者之嘗戲之曰。鷹子雖肥。座子固不平。無足取也。者之門與子固門相對。每客來置酒必邀。者之笑曰。我是汝邑之教官乎。

飲食男女。人之大欲存焉。而今有不知色者三人。齊安畜無限佳麗。而常曰婦人穢不可近。終不與婦人對坐。生員韓景琦上黨府院君之孫也。托言修心繕性。閉戶獨坐。不曾與其妻相語。

如聞婢僕之聲。持杖逐之。金子固獨有一子。癡騃不辨菽麥。亦不知陰陽之事。子固患其絕嗣。飾解事之女。與之同寢。敎以雲雨。其子驚駭。迯入床下。其後若見紅粧翠鬐。必啼哭而走。

成廟學問淵博。文詞灝灑。命文士撰東文選。輿地要覽。東國通鑑。又命校書館。無書不印。如史記。左傳。四傳春秋。前後漢書。晉書。唐書。宋史。元史。綱目。通鑑。東國通鑑。大學衍義。古文選。文翰類選。事文類聚。歐蘇文集。書經講義。天元發微。朱子成書。自警編。杜詩。王荊公集。陳簡齋集。此余之所記者。其餘所印諸書亦多。又聚徐剛中四佳集。金文良拭疣集。姜景醇私淑齋集。中泛翁保閑齋集。惟李胤保及我文安公詩文。逸失未印。可恨也。

余所著詩集十五卷。文集十五卷。補集五卷。風雅錄二卷。奏議六卷。浮休子談論六卷。慵齋叢話十卷。錦囊行跡三十卷。所撰風騷軌範三十卷。樂學軌範六卷。桑楡備覽四十卷。雖未能掛人耳目。亦足考既往而破寂也。

僧山陵

陵室之傍。有齋社。自昔然也。如健元陵顯陵有開慶寺。齊陵有衍慶寺。厚陵有興教寺。光陵有奉先寺。敬陵昌陵有正因寺。遷英陵於驪州。改神勒寺爲報恩寺。以爲齋社。獨獻陵無社。盖因太宗遺教也。士大夫亦於墓傍作齋庵。非崇釋教。欲令僧徒禁護墓山也。

音樂

掌樂院。以解音律人爲員。朴堧鄭沉皆自郞僚。竟至提調。有朴姓官者。年老失職。粗學律呂新書。上疏求爲樂官。朝廷不知而用之。遂兼主簿。轉陞僉正。每對人論五音十二律之糟粕。人皆以爲知樂。而其實一無所知也。有知者作詩譏之曰。第栗欺狙謾自賢。若論心髓噤寒蟬。莫言俗耳皆聾瞶。不愧于人不愧天。

轉經法

世祖朝行轉經法。即高麗古俗也。其法幡盖前導。黃屋輿安黃金小佛。前後伶人奏樂。兩宗僧人數百。分左右隨之。各擎名香誦經。小僧升車擊鼓。經止則樂作。樂止則經作。奉佛自闕而出。

上御光化門送之。終日巡行市街。或於慕華館太平館設晝供。各司官吏趨走供物。惟恐得譴。設六法供養。簫鼓梵唄之聲。振于太空。士女奔波聚觀。禮曹佐郎金九英年老體肥。跟蹡步行。流汗如水。飛塵滿面。人皆笑之。

成廟篤志於學。三時講書。乘夜文引玉堂入直之士。與之講論。講畢賜酒。從容問古今治亂民間利病。便服相對。閤中只張一燭而已。或至夜分。大醉而出。賜御前燭送歸院。即金蓮炬之遺意也。

成廟以文昭殿歲久頹圮。遂命改瓦修葺。移安五位神主于古東宮資善堂。親幸隨之。仍親祭焉。事畢還安。亦如之。遂張龍鳳大幕於後苑。大張樂設宴以饋之。賜鞍馬彩段紗羅布帛胡椒弓矢等物。隨其功之高下而各有差。大抵脩補監役。提調郎廳。

承旨。陪祭執事官。侍衛宰樞諸將。擔輿宦官。忠義衛。典樂。飯監等皆與焉。內豎承命。屢出侑飲。人皆扶醉而出。余時爲禮曹判書。親莅其事。皆一時盛事也。以今思之。陪群位神主。自古東宮徃至文昭殿。未幾薨逝。以古東宮爲魂殿。祥禫後附文昭殿。其兆已現也。

昭格署

宮中誕兒。有捲草之禮。誕生之日。綯藁索懸于室門扉上。命大臣多子無災者。三日齋于昭格殿。設醮祭。尙衣院供五色彩段各一匹。男則幞頭袍笏烏靴金帶。女則釵簪背子鞋屨等物。陳于老君前。以祈遐福。夜分祭畢。獻官吉服。令人擔布段冠服前導詣闕。至室門外。陳列卓上焚香再拜。內人受之而入。獻官捲藁索。納諸帒中。貯諸柒函。以紅袱裹之。出門外謹封其函。授內資寺正。正奉之而行。納于其司庫內。若女則內贍寺主之。甲寅春元子誕生。余爲獻官行此事也。大抵昭格署皆憑中朝道家之事。太一殿祀七星諸宿。其像皆被髮女容也。三清殿祀玉皇上帝太上老君普化天尊梓潼帝君等十餘位。皆男子像也。其餘內外諸壇。設四海龍王神將冥府十王水府諸神。題名位版者。無慮數百矣。獻官與署員皆白衣烏布致齋。以冠笏禮服行祭。祭奠諸果餈餠茶湯與酒。焚香百拜。道流頭冒逍遙冠。身被班爛黑衣。鳴磬二十四通。然後兩人讀道經。又書祝辭於青紙而焚之。其所爲有同兒戲。而朝廷仕職。虛奉祓祀。一祭所入。其費不貲。余作詩曰。南宮學士髮星星。白服烏巾苦乞靈。却怕朋僚爭指笑。老君來禮老君庭。

俳諧

閔中樞大生年九十餘。元日諸姪來謁。一人進曰。願叔享壽百年。中樞怒曰。我齡九十餘。若享百年。只有數年。何口之無福如是。遂黜之。一人進曰。願叔享壽百年又享百年。中樞曰。此眞頌禱之體也。厚饋而送之。

禮曹

禮曹古周官宗伯之職。掌祠祭宴享事大交隣一應禮文等事。其任固不輕也。吏操政柄。兵典軍機。戶主財利。刑司徵訟。工掌百工之役。六曹之中。惟禮曹最美。雖值大事遑遑無暇。而事已常閑。若饋倭女眞之使。則堂上三人皆被繡文禮服。禮賓寺設宴。樂官奏樂。各道監司兵使赴京使臣之賜宴亦如之。公宴畢後。率衆賓更聚郎廳。終日談飲。絲竹駢闐。羅紈綷縩。相繼不絕也。余曾以謝恩使赴京。禮部尙書周洪謨來押宴于會同館。回回刺麻雲南蠻緬諸國之人。長跪尙書前。仰訴賣買之事。尙書解說而進退。當其時。余敬慕不已。及余爲判書。倭女眞每於宴罷之後。爭就前長跪。各陳己意。雖大小不同。而其規模一也。世宗朝。申商爲禮曹判書。許稠爲吏曹判書。申日中而往日側而還。許侵晨而往日沒乃還。一日許先往坐曹。聞申到南宮。未幾還出。許令人往告之曰。何晚仕早罷。申大笑曰。大人早仕。有何加益之事。余雖晩仕。有何加損之事。不如各弄掌而已。申臨機善決。許勤苦刻行。所性不同也。

崔勢遠嘗言。吾友姜晋山盧宣城成夏山皆滛蕩不正人也。惟韓西平敬愼有操。余亦謂之當時聖人。以今見之。非聖人也。人問其故。答云。一日晨興。於籬隙間窺見。西平坐其門前軒。有小婢奉灌匜進之。西平掬灌水洒婢面而弄之。此豈聖人所爲乎。人皆絶倒。

眞逸先生云。夢見李提學伯高爲龍。余攀龍飛渡江。余恐墜。龍顧謂曰。堅執吾角。遂止江岸。草木人物皆非人世覩。夢覺言諸伯氏。伯氏曰。伯高當時懿望。曾擢重試。君攀其角。必擢重試壯元也。未幾伯高被誅。眞逸亦病。病中作詩。倩伯氏書之云。西風拂嘉樹。零露發華滋。我亦一天物。玉汝來有期。伯氏曰。此詩太有生氣。君當無恙。翌日而逝。此皆凶兆。而非嘉兆也。

予以禮曹判書。提調掌樂院。若客人宴享使臣賜宴慣習取才之時。聽樂無虛日。又往來大平館。里四面皆伶妓家。崇禮門外敏甫如晦兩家婢僕皆善手。余常歷入聽之。又於大家傍。有洪仁山安左尹兩大宅。亦教婢僕絲竹。聲爭嘹亮。夜深不已。予每臥聽。亦一樂也。予嘗謂人曰。寒素儒士。勤苦讀書。未占一名。而死者多矣余早年登第。官至六卿。日夜在歌吹中。何獨享太平之樂如是。未幾 成廟賓天。余以禮官。親奉斂襲擗地寢苫。又侍梓宮。赴往山陵。其間宮人之帷百僚之庭。哭泣之聲日夜不絕。於是痛傷白首之域又値如此之變。蓋樂極哀來。自然之理也。余少時與放翁相友善。寓空家讀書。鄰友趙恢家相距數里。其家有林檎樹。一日放翁謂余曰。眠魔作祟。不如往趙家食林檎。於是二人偕往。則林檎滿樹爛紅。門閉不得入。呼主人亦不應。僮僕在門內。飲酒懽呼。俄而驟雨一犁。門前有大馬係槐樹。

小馬亦有三四。而悄無一人。放翁曰。主人麾客已甚。不如盜此馬而去。余額之。二人各騎一匹。馳出川邊。迤邐而行。還至讀書處。繫兩馬於庫裡。放翁曰。吾欲殺而食之。余曰。安有此理。是則與盜無異。放翁曰恢雖知之。其肯告官。遂擧臼杵欲打馬頭。余扶而止之。翌日恢來。目動面悴。放翁問。子何有不豫之色。恢曰。昨日妻姑將往金浦鄕墅。係馬於門外。有盜偸馬而去。擧家遑遽。分人徃搜。余則巡歷高陽交河等處。至今未覓。是以憂耳。少焉馬鳴庫裡。放翁微笑。恢往見之則即其馬。恢且怒且喜。詆之不已。於是滿堂大噱。

慵齋叢話卷之二終

慵齋叢話卷之三

高麗下同

高麗侍中姜邯贊。爲漢陽判官。時府境多虎。吏民多爲所噬。府尹患之。邯贊謂尹曰。此甚易耳。待三四日吾可除之。書紙爲貼屬吏云。明晨汝往北洞。當有老僧蹲踞石上。汝可招來。吏如言而去。果有一老僧。衣藍縷戴白布巾。犯霜曉在石上。見府貼隨吏而至。拜謁判官叩頭而已。邯贊勅僧曰。汝雖禽獸亦是有靈之物。何害人至此。與汝約五日。其率醜類徙于他境。不然彊弩勁矢。盡殺乃已。僧叩頭謝罪。尹大噱曰。判官誤耶。僧豈虎乎。邯贊曰。汝可化形。僧咆哮一聲。化一大虎。仰攀欄楹。聲振數里。尹魄喪仆地。邯贊曰可止。虎翻然復其形。頂禮而去。明日尹命吏往伺東郊。有老虎前行。小虎數十隨後渡江。而自是府無虎患。邯贊初名殷川。登復試壯元。官至首相。爲人體矮耳小。有一貧人。容貌豐偉。貧人整冠帶在前列。邯贇衣破衣居下。宋使見貧人曰。容貌雖偉。耳無城郭。必貧人也。見邯贇膜手拜曰。廉貞星久不現於中國。今在東方矣。

高麗將仕郎永泰。善俳優戲。冬月有虵現于龍淵畔。寺僧以爲龍兒。收而養之。一日泰脫衣。遍體畫龍鱗五色。扣僧窓言曰。禪師勿懼。我即淵中龍神也。聞禪師愛護愚息。感德而來。某日某夕。我當再來以迎禪師。言訖不見。至期僧替舊易新。盛服以待。少焉泰至。負僧而走至淵畔。謂曰。愼勿攀援。一瞬可入。僧瞑目放手。泰投僧于水中而去。僧衣服盡汚。身亦被傷。匍匐而還。披衾而臥。翌日泰來曰。禪師何痛之甚。僧曰。龍淵神老而無意。誣我乃至於此。泰又從忠惠王獵。每呈優戲。王投泰于水中。泰撇裂而出。王大笑問曰。汝從何處去。今從何處來。泰對曰。往見屈原而來。王曰。屈原云何。對曰。原云我逢暗主投江死。汝遇明君底事。來。王喜賜銀甌一事。旁有虞人見之。亦投于水。王令人捉髮而出。推問其故。虞人云。往見屈耳。王曰。屈云何。虞人曰。彼何言我何言。三軍騰笑。

高麗元帥李芳實。少時驍勇莫倫。嘗遊西海道。路上忽逢一男子。頎而長。執弓矢當馬前曰。令公何歸。願陪行。李芳實知是盜賊。亦不却之。約行十里餘。有雙鳩坐田中。盜曰。君能射否。芳實遂射之。一箭疊中而獲之。日暮寓空院。解所佩弓矢與盜曰。我暫看馬。汝姑此在。芳實踞厠間。盜取弓持滿射之。芳實以手攬取來矢。挾置厠間。如此者十數。一箭之矢皆盡。盜服其勇。拜謝丐命。旁有橡樹高數丈。芳實聳身直上。取木杪屈之。一手捉盜頭髮。繫木杪。以刀劃去頭皮。木杪抽起。勢過太空。盡捽頭髮而身墜于地。芳實不顧而行。晚歲位高。重過其地。寓止田家。家甚鉅富。有老叟持杖出迓。大設酒饌。酒酣叟出涕曰。吾小時恃勇爲盜。殺掠行人無數。逢一少年。神勇無比。我欲害之。反爲所害。將死復生。自此悔過。惟務農業。不復顚越人取貨。仍去帽示之。頭額童童然無髮矣。芳實有妹。驍勇亦無雙。常揷小枝於壁。兄弟登枝上行。芳實行則枝動。妹行則不動。妹又一日𣪍童困馬渡江南。舟人爭渡。掖妹下之。妹大怒。遂取船楫。亂打舟人。健如飛鶻。

高麗辛禑性狂騃。嘗遊山中。遇一樵童。織蔓艸爲笠。以松子爲項。以橡子爲纓。禑見而愛之。脫所御項帽珊瑚纓易之。童佇立路隅。惶怖罔措。禑着樵童笠。踊躍歡喜。策鞭馳馬。覩童子貌甚不懌。猶懼其還奪。吾家有老姑年過九十。嘗言少時在松都。見禑面白而服赤。着白衣騎馬而行。軍士數人持木杖前導。大小第宅無不歷入。佳人處子逢則淫穢。故家家作横檟。聞禑出遊。則婦人爭入避之。一日禑到蓬原君鄭良生宅。自歌搗砧。問諸里人曰此誰家。答曰鄭大夫宅也。禑即馳馬走曰。此人可畏此人可畏。蓋憚勁直。而不能犯也。外禑鄭氏即蓬原君之女也。故予得知之。

辛旽初秉國政。寓奇顯家。與顯妻通。顯夫妻侍側如老奴婢。旽威權漸盛。生殺在手。所欲置之死地則無不如意。若聞士大夫妻妾有姿色者。每以微譴囚其夫于巡軍獄。顯等令人傳報其家。若主婦親訴其冤則得免矣。其婦即就旽家。則入大門去馬從。入中門去婢僕。旽家人率行入內門。旽獨坐書堂。旁設衾枕。隨意縱淫。所欲愛者。則或留數日而遣之。仍放其夫。如或不遜。則或罰或竄。因以有致死者。故婦女聞其夫被囚。則必靚粉先就旽門。殆無虛日。旽慮陽道衰。每斬白馬莖。或膾蚯蚓而食之。若見黃狗蒼鷹。愕然驚懼。時人以爲老狐精。

高麗宰臣趙云仡。知時將亂謀欲避患。乃詐爲狂誕。嘗爲西海道觀察使。每念阿彌陁佛。有一守令與公相友者。亦來窓外。念趙云佗。公曰汝何以稱我名。守令曰。令公念佛欲成佛。吾之念令公欲爲令公耳。相視大笑。又詐得靑盲疾。辭職居家。其妾與公之子相私。每戲於前。公不露形色者。數年。及亂定。忽揩目曰。吾疾愈矣。率其妾遊於江上。數其罪而投之。其所居鄕墅。在今津廣下。公求爲沙平院主。與鄕人結侶。每於飮會相與雜坐。詼諧戲謔。無所不至。一日坐亭上。朝臣貶斥者多渡江。公作詩曰。柴門日午喚人開。步出林亭坐石苔。昨夜山中風雨惡。滿溪流水泛花來。

高麗政丞韓宗愈。少時放蕩不羈。結徒數十人。每於巫覡歌舞之處。劫掠醉飽。拍手歌楊花。時人謂之楊花徒。公嘗漆兩手。乘夜投入人家殯室。其家婦人來哭殯前曰。君乎君乎。何處去乎。公以黑手出帳間。細聲答曰。我在此矣。婦人皆驚懼而遯。公盡取所設床果而還。其狂多類此。及爲相國。功名事業。彪炳當世。晩年退老鄕曲。即今漢江上楮子島也。常作詩云。十里平湖細雨過。一聲長笛隔蘆花。却將殷鼎調羹手。閑把漁竿下晩沙。又云鳥紗短褐逶池塘。柳岸微風洒面凉。緩步歸來山月上。杖頭猶襲藕花香。

崔鐵城瑩少時。其父常戒之曰。見金如瑩。常以四字書諸紳。終身服膺而勿失。雖秉國政。威行中外。而一毫不取於人家。纔足食而已。當時宰樞相邀迓。以棋局消日。爭設珍饌。以務豪侈。公獨邀客。過午不設饌。日暮糅黍稻炊飯。兼陳雜菜。諸客枵腸盡啖菜飯曰。鐵城之飯甚甘也。公笑曰。此亦用兵之謀也。　太祖爲侍中。嘗占聯云。三尺釼頭安社稷。一時文士皆未對。公遽曰。一條鞭末定乾坤。人皆嘆服。公每憤林廉所爲。盡誅宗族。及其臨刑之日。乃曰。平生未嘗造惡業。但誅林廉過當耳。我若有貪欲之心。則墓上生草。不然則草不生矣。墓在高陽。至今禿赭無一把茅。俗謂之紅墳也。

圃隱學問精粹。文章亦浩瀚。麗季爲侍中。以盡忠輔國爲己任。革命之際。天命人心。皆有所推戴。公獨毅然有不可犯之色。有僧素與相識者。告公曰。時事可知。公何膠守苦節。公曰。受人社稷。豈敢有二心。吾已有所處矣。一日梅軒往謁。適公出。即隨而出洞。有武士數人帶弓箭橫過馬首者。呵卒辟除。武士不避之。公顧謂梅軒曰。君速去。勿隨吾行。梅軒猶隨之。公色怒曰。何不聽余言。梅軒不得已辭歸。俄有人來云。鄭侍中遇害矣。

吉先生再痛高麗之亡。以門下注書扱綬。居一善金鰲山下。誓不仕我朝。我朝亦以禮待之。不奪其志。公聚郡中諸生徒。分爲兩齋。以閥閱之裔爲上齋。以鄉曲賤族爲下齋。敎以經史。課其勤惰。受業者日以百數。公嘗作閑居詩曰。盥手淸泉冷。臨身茂

慵齋叢話卷之三

樹高。冠童來問字。聊可與逍遙。又云。臨溪茅屋獨閑居。月白風清興有餘。外客不來山鳥語。移床竹塢臥看書。梅軒作畫像贊曰。人固有道。挺生者稀。惟我吉公。其殆庶幾。珪組之榮。斧鉞之威。視如浮雲。高蹈而歸。桑梓十畝。茅屋柴扉。圖書一室。嵬冠褒衣。噫周德之如天兮。不問西山之採薇。暨漢祖之中興兮。亦放羊裘於釣磯。迄今千餘載兮。信此心此理之無違。

徐先生甄當革命之時。以掌令致仕。遯居衿川鄉曲。每念麗朝之事。慷慨作詩云。千載神都隔渺茫。忠良濟濟佐明王。統三爲一功安在。却恨前朝業不長。

高麗王多尚元之公主。故元亦遣使求士女。以充後宮。其未入者給付大臣。趙公胖之妹。入元爲大相夫人。公少時亦隨往。妹家有女僮。姿色絕代。又知書。公以爲妾。以故常在元。伉儷繾綣之情。雖比翼連枝。未足擬其彷彿也。一日偕宿外舍。夜半聞喧閧之聲。然寢寐方酣。未及問其由。朝起視之。則家無一人。鄰人告云。皇帝避兵入上都。大相夫人亦陪駕而行。大兵已臨近郊矣。一都遑遽。爭携妻子。奔走而亡南北。兩人亦罔知所措。忽有大相所使小宦竪。流汗奔還言曰。車駕行急。未及隨去。公曰。上都遼遠不可歸矣。我國地亦近。吾儕三人可以速達。遂搜家中得斗米橐。宦竪騎一馬。公與女同騎一馬而行。宦竪曰。如此兵戈騷屑之際。挾此妖物。若遇寇盜。則必無可生之理。願君割恩棄之。女呼號躃踊。欲同生死。公亦不忍別。挽袖爪入手難鮮。雙淚滿襟。旁人皆垂泣。公度審事勢。遂棄而行。女哭而隨之。日暮止宿。則女亦追及而來。凡三晝夜行不息。兩足瘃裂不能步。然猶盡力而來。有高樓在河上。女忽挺身而登。公意謂登高望送耳。回盼其樓則女投樓下潭中。奄然而沒。公嘗愛才色。至是尤服其節。與宦竪到本國。每於老境言當時之悲痛不已。

以上並高麗

忠宣王久留元。有所鍾情者。及東還。情人追來。王折蓮花一朵。贈之以爲別。日夕王不勝眷戀。令益齋更往見之。益齋往則女在樓中。不食已數日。言語不能辨。强操筆書一絕云。贈送蓮花片。初來的的紅。辭枝今幾日。憔悴與人同。益齋回啓云。女入酒家。與年少飲之。尋之不得耳。王大懊唾地。翌年慶壽節。益齋進爵。退伏庭下言死罪。王問之。益齋呈其詩道其事。王垂淚曰。當日若見詩。竭死力還往矣。卿愛我故變言之。眞忠愨也。

太祖開國。以趙宰臣胖生長中原。爲奏聞使而遣之。高皇帝引見詬責。胖對曰。歷代創業之主。類皆順天革命。非獨我國也。微指大明之事。語用漢人之語。皇帝曰。汝何知中國語。胖曰。臣生長中原。曾見陛下於脫脫軍中。皇帝問當時之事。胖一一言之。皇帝下榻執胖手曰。脫脫軍若在。朕不至此。卿實朕之交友。仍以客禮待之。書朝鮮二字而送之。

金若恒

大明以表辭不恭。徵撰表人光山君金若恒與西原君鄭摠赴京師。光山至安州舘。作詩云。旅舘何寥落。風烟野外昏。客中懷抱惡。枕上夢魂翻。地僻居民少。日斜飛鳥喧。異鄉春寂寂。百慮獨憑軒。至南京俱被遠謫。西原請鬻之以備行糧。擢不能給。人以此少之。後皇帝霽威。令其家室求尸而去。竟不得而還。光山之女則我祖母。有老婢自言托爲家室赴南京。到一江口。夾兩岸起重樓高閣。美人居樓閣。或刺繡或調樂。有橘皮大如瓠。點浮波上。楊柳蔭數十里。婢本愚劣。未得詳問地名。以今料之。疑即楊子江也。

安城君李叔蕃。自成大功後。恃功驕傲。視同列宰樞。不啻如僕隷。君命召則稱疾不往。中使候者絡繹不絕。而絲竹鬧於內室。或欲注人官爵。則書名於小簡。伻人奏之。以故親朋布列膴仕。大起甲第於敦義門內。惡聞人馬之聲。奏塞門禁行人。奢僭日甚。遂得罪。長流咸陽別墅。　世宗命儒臣撰龍飛御天歌。以叔蕃知　大宗朝事。馳馹召之。叔蕃以白衣詣闕。達官宰樞皆後生。爭趨拜謁。叔蕃但揮手止之曰。少時某也英邁。某也信實。余亦意其爲。令長之器。果然其意氣桀驁。曾不少屈。

卞季良

卞春亭繼陽村掌文衡。然文章軟弱。文士金久冏以能詩鳴世。每見春亭所製。掩口大笑。一日春亭告暇遊別墅村庄。偶占一句云。虛白連天江渚曉。暗黃浮地柳郊春。自負得美聯。將入京上奏。有人言諸久冏。久冏曰。詩甚鄙拙。若上奏則是罔上也。我昔有詩云。驛亭把酒山當戶。江郡哦詩雨滿船。此直上奏之詩也。其人復告春亭。春亭曰。當字未穩。不如改下臨字。其人又言諸久冏。久冏曰。人謂春亭不知詩。信然。古詩不曰。南山當戶轉分明。其人又告春亭。春亭曰。古詩不曰。青山臨黃河。久冏眞不知詩。反笑我爲。一日春亭作樂天亭記。招久冏使觀之。久冏曰此記論性理。酷似中庸序。久閒爲人恃才凌人。以後進輕蔑前輩。春亭心亦不平。遂成嫌隙。而終不得顯官。

春亭性吝嗇。雖微物不借於人。每割冬瓜。隨割而署之。對客飲酒。酌其盞數。謹封壷壜而藏之。客見顏色而去者頗多。常在興德寺。撰國朝寶鑑。 世宗重其文章。仙厨賜饌絡繹。宰樞僚友爭送酒食。一一貯諸房內。日久生虫蛆。臭達墻屋。腐則棄于邱壑。蒼頭傔從。未嘗一瀝。

黄翼城公寛洪大度。不拘細事。年高位重。愈自謙抑。年九十餘。嘗坐一室。終日無言。互開兩眼看書而已。室外霜桃爛熟。隣兒爭來摘之。公緩聲而呼曰。勿盡摘。吾亦欲嘗之。少焉出視之。一樹之實盡矣。每晨夕餐飯。羣兒來集。公除飯與之。叫噪爭食。公但笑而已。人皆服其量。爲相二十年。朝廷倚以爲重。論開國以後相業者。皆以公爲首。

李孟畇

李公孟畇，牧隱長孫，官至二相，承籍世業，有文名，尤長於詩，嘗作悲松都詩云，五百年來王氣終，操鷄博鴨竟何功，英雄已逝山河在，人物南遷市井空。上苑鶯花微雨後，諸陵草樹夕陽中。我來此日偏多感，往事悠悠水自東。公又傷無子，作詩云，自從人道起於寅，父子相傳到此身。我罪伊何天不吊，未爲人父鬢絲新。其後夫人妬悍搆家禍，公因此得罪，竟流寓而卒，弟孟畛官至判中樞，其子謀亂伏誅，中樞緣坐，亦流寓而卒。

鄭招

鄭大提學招，聰明絕倫，凡書籍一覽輒誦。科擧已臨期，公浪遊不少止。一日抽六經簡帙，一回過眼，掩卷不再讀，至講論時，說盡奧趣，應答如響。嘗在元帥幕府，軍卒數百人，一見皆記其面而知其名，人皆服其神。少時見僧讀金剛經，乃曰，彼經可一覽而誦也。僧曰，君若能誦，則我辦盛饌，君若不能，則君辦盛饌。相約訖，公援枹擊鼓，誦之如流，至半帙，僧逃走。

李種學

李提學種學。以非辜被罪。牧隱畏朝廷。不能盡其痛。一日有族生來謁者。牧隱曰。吾欲遊山。可與偕往。遂幷轡入山谷。悄無人跡。乃謂族生曰。喪子以來。胷臆憤鬱不能舒。今之來此欲哭耳遂大哭。終日聲不絕。乘昏收淚曰。心胷大豁矣。自此其哀始減。提學臨死謂諸子曰。我以文名爲人所媢。乃至於此。汝輩愼勿科擧。其後叔時叔畝皆不赴擧。而官至省宰。獨叔福赴擧。而終不顯達。

朴三宰錫命。少時與恭定王同衾而寢。錫命夢見黃龍在其傍。顧視之則上也。由是奇之。相友益篤。及上卽位。錫命寵倖隆極。十年爲知申事。陞知議政府事。兼判六曹事。近代人臣無比。爲承旨時。上曰。誰人代君任喉舌。朴公曰。朝臣無可者。惟承樞府都事黃喜眞可人也。上遂用之。未幾代朴公爲承旨。終爲名相。世謂朴公知人。

惡亡附事

孟左相爲大司憲。朴公安身爲持平。鞠平壤君趙大臨。不啓而栲訊之。上大怒。載二人于車。將戮之於市。孟相失色無言。朴公意氣安閑。略無懼色。擧名而呼孟曰。汝是上官。而我是下官。今作死囚。豈有尊卑。我嘗謂汝有志操。何今日恇怯如是。汝不聞車聲之轔轔乎。謂羅卒曰。汝取瓦片來。卒不聽。公瞋目叱之曰。汝若不聽。我死之時。必先祟汝矣。聲色愈厲。卒畏之。遂取瓦片而給之。公作詩。畫而書之曰。爾職不供甘守死。恐君留殺諫臣名。付卒曰。速往馳啓。卒不得已持呈于闕。時獨谷爲左政丞。與疾詣闕極諫。上亦霽威。竟赦而不誅。

孟思誠

孟相少時。嘗以享官齋于昭格殿。假寐之際。夢有皂隷。傳呼七星入矣。公下庭祇迎。六丈夫已入。第七人則獨谷成相也。及公獲罪將殉於市。賴獨谷諫救之力。得免於死。平生事獨谷如父母。獨谷沒後。雖雨雪過祠堂必下馬。

我外家安氏。即文成公之後也。自契丹之後。學校蕪廢。文敎墜地。文成公修學校。施俸錢、納其奴婢百餘口。至今成均館所使者。皆文成公之藏獲也。公以功配享文廟。公生于器。于器生牧。牧生元崇。元崇生瑗。瑗生我外祖。外祖生玖。玖生知歸。知歸生子曰瑚璨。至今長子相承登第。人以爲文成之所助也。

坡州西郊、荒廢無人。安政堂牧始墾之。廣作田畝。大排第而居之。政堂能詩、嘗占句云。牧笛一聲長浦外。漁燈數點洛岩前。至其孫瑗極盛。內外占田無慮、數萬頃。奴婢百餘戶。老樹千章。成蔭十里。鵝鸛呼、噪其間。公臂蒼牽黃。日往來以爲樂。至今分占餘土而居者百許人、皆其子孫也。

安瑗

安留後瑗性好鷹犬。自靑衿年少時。已有其癖、在婦家。左手臂鷹、右手翻書而讀、婦翁曰、讀書則廢鷹。好鷹、則廢書、何兩行勞苦之事、答曰、書是箕裘之業不可廢。性嗜鷹犬亦不可廢。兩行不悖。何害於理。自少至老。一以此自娛。雙梅堂一日渡洛河向漢京。聞路傍山谷間有讀書聲。謂其僕曰。此必安老也。至則以左手臂鷹以右手翻綱目。倚樹而讀。相視大笑。公爲人寬緩。平生無疾遽色。倭陷昇天府。公猶在家讀書。僮僕告曰寇逼矣。公曰姑習射。愼勿遑遽。俄而寇退。

鄭贇成矩留後符。皆鄭大夫良生之子也。而兄弟皆知樂。贇成能鼓琴。留後則無所不曉。容貌雄偉。夫人或下鄉曲。而留後獨在家。面對雲山。手撫鳴絃。時時自歌以爲樂。不曾醉於粉黛間。

李沃

李沃侍中春富之子也。侍中被誅。沃編隷江陵府。是時倭寇來泊東海。焚蕩州郡。民物皆爭避之。府前郊多大樹。沃夜令人取矢數百分揷於樹。翌日脫喪服馳馬而出至海口。發數矢射敵。佯敗奔入樹間。賊如雲而集。以一身當之。抽矢而射。縱橫馳突。自朝至暮。苦戰不已。弦不虛開。射之必中。死者如麻。自是賊不犯境。一道賴以安。朝廷嘉而官之。

河復敬

河宰臣敬復嘗言少時以勇力免禍者三。太宗定內難時。有同交者直禁省。偶欲相話而入。適値門閉。未得出。彷彿四顧。有卒數人。驅去將斬。予奮臂却走。衆莫能動。直至御前呼曰。如此壯士。殺之何益。太宗聞而赦之。此非勇力必死也。少時獵于深山。猝遇猛虎。無所避。捽取虎頷下肉。躑躅于地。群徒皆散。呼救莫有至者。顧乏寸刃。徒以手相抗。俯見崖下有泓。推面前寸寸而進。人與獸皆困。人汗被體。遂以白額沉于水底。虎飮水腹漲少力。仍以木石搏殺之。此非勇力必死也。嘗禦敵塞土。一日虜騎雲合。矢下如雨。前有大樹數十。若虜先據則虜勝。我先據則我勝。遂抽身疾走。先據樹。虜追莫及。以此勝戰。此非勇力必死也。公仕至判中樞。以第一勇將。擅名當世。

國朝移都漢陽。我曾祖桑谷公與伯兄獨谷公。卜宅於今鄕校洞。一日出南大門。行五里餘。悄無人居。見西山之麓曰。此最佳處。遂排宅。獨谷公怒曰。兄弟幷隣。有何不可。汝獨棄我遠徙無人之境。公曰。此處雖幽僻無人。至中葉則人家當櫛比。我慕山林之美。非薄友之情也。遂居之。種栗數千株。群花衆卉無不繁殖。至今言園林之勝者。以伯氏宅爲甲。

桑谷與騎牛李公相善。李公居城南。桑谷居西山。相距纔五里許。或杖屨相從。或以詩相酬唱。桑谷於園裡排小齋。名曰衛生堂。每聚家僮。日以劑藥爲事。李公作詩曰。肅洒新堂白板平。圖書花竹有深情。墻頭嫩綠三槐樹。好箇黃鸝一兩聲。李公嘗到堂。桑谷令恭度公烹茶於窓外。茶水漏。更添他水。李公嘗之曰。

博物

此茶女添二生水。公能辨水味。以忠州達川水爲第一。自金剛山出來。漢江中之牛重水爲第二。俗離山之三陀水爲第三。

我外舅安公。性正直嚴毅。歷任十二州縣。秋毫莫犯。吏畏民懷。

似是安玖
志恒

又能善視鬼形。嘗守林川。一日與隣官飲宴。有獵狗向苑中大樹吠不已。公顧視之。有恠物高冠大面倚樹而立。熟視之。漸漸而滅。又一日天陰雨濕。公如厠。小僮奉燭前導。竹林中有女。荷紅襴衫被髮而坐。公直向前去。女踰墻走。又其俗尙鬼。入住公衙者相繼死。州人棄爲鬼藪。公始至欲入。州人垂泣止之。公不聽。凡民間淫祠。皆焚而毀之。衙南有古井。州人謂神物在其中。爭聚祈福。公命塞之。井如牛吼者三日。州人請勿堙。公曰井必有哀而哭。何恠之有。自是妖害盡息。公竟乘最而遷。公又常居瑞原別墅。路傍有古樹。其大數圍。長可參天。天陰則鬼必嘯。夜則張火喧鬧。公放鷹逐雉入其藪。則尋無所覓。有里中少年。恃勇負氣。往伐其樹。遂爲鬼所憑。晝夜狂走。一里難當。聞公名則疾投隱處而避之。公遂至其家。踞床門外。令人捽髮而出。少年色墨乞哀。公叱曰。汝在里中二百餘歲。夜則張火騁恠。予過則蹲坐不敬。放鷹則匿而不出。今又凌虐隣舍。其意何求。少年頂禮遜謝。公斫桃樹東枝作長刀。虛斬其頸。少年翻身長呼。作爲死狀。即仆地昏睡。三日始覺。狂態頓除。至海州牧使。遂棄官周流四方。臂蒼牽黃。僮僕數十載魚罟獸罦。野則取魚。山則逐獸。公又善射。鹿豕無不疊中。每乘健馬。馳下千仞崖壁。疾如飛鳥。矢鏃相連。見者無不歎服。享年七十而卒。

志恠

外叔安府尹。少時向瑞原別墅。乘羸馬。率一小僮。去墅十里許。時夜向黑。四顧無人。東望縣城。有火炬喧呼之狀。似若遊獵。其勢漸近。周擁左右。五里不絕。皆鬼火也。公進退維谷。罔知所措。但策馬前行七八里。鬼火皆散。天陰雨濕。道路益艱。然私喜去鬼。恐怖稍定。又踰一嶺。緣回而下。前所見鬼火。疊塞前路。公計無所出。拔劒大呼突入。其火一時皆散。投入林莽。抵掌大笑。公到墅。心猶惶駭。憑窓假寐。婢僕張松明方坐績。公見火光明滅。

志怪

大呼曰。此鬼復來耶。仍擧劒擊之。左右器皿皆被破碎。婢僕僅免。

我外姑鄭氏。生長楊州。有神降其家。憑一小婢。數年不去。禍福吉凶。無不的知。言輒有應。人無有隱慝之志。皆畏信之。家亦無恙。其聲宏亮如老鶯舌。晝則浮在空中。夜棲于梁上。隣有一家。世爲名宦。主婦失寶釵。每毆女僕。僕不勝其苦。來問於鬼。鬼曰。我已知所在。難以語汝。汝主來則當語之。僕往告主婦。主婦親握粟來卜。鬼曰。我知所在。口不忍言。吾喙一擧。汝面大赧。主婦再三問之。遂不應。婦怒叱之。鬼曰。若然太易耳。某日夕汝與鄰某同入楮圃。釵掛在樹枝矣。僕覓得之。婦大慙。又家奴盜物。鬼言某人偸之。匿諸某室。奴奮叱之曰。何處妖物。來托人家。遂陰厥仆地。良久乃蘇。人問其故。奴曰。有紫髯丈夫。捽我頭髮。故恍惚不起矣。家稍厭之。鄭相國矩。符昆季至。則鬼惶怖出走。相國去後。鬼亦還。相國知其事。一日招鬼勅之曰。可往汝藪。不宜久在人家。鬼曰。自我來此。務增家福。無一災殃。願世世在此。晉奉一門。大人有教。敢不順從。遂痛哭辭出。竟無影響。吾聞諸大夫人。

志怪

今有空中唱聲。憑巫覡能知往事而言之者。謂之太子。有盲張得云者。善卜筮。人皆云有明鏡數。朝廷求之。盲答以本無。囚獄而栲訊之。猶不出。安孝禮問於太子。太子云。張盲以其冊授親戚某。往藏于牛峯縣民家。其家向東有柴扉。堂前有大樹。堂中有瓮。瓮上蓋以小盤。若捲盤而視之。則冊在其中。汝若往探。則向大樹呼我。我當應之。孝禮問於盲家。果有親戚往牛峯者。孝禮大喜。即入啓之。 上命孝禮乘馹率數騎。一夜馳到其家。果有柴扉大樹。升堂有瓮。捲盤而視之。中空無一物。向樹呼太子。無應者。孝禮悵恨返問於太子。太子云。汝常以虛言誣人。故我亦以虛言誣汝矣。

皂隸

我曾祖靖平公爲禮曹判書。啓曰。判書長於六部。而率皂隸一人。與下官無異。請加一人。　上允之。判書兩皂隸。自靖平公始焉。

安崇善

安三宰崇善。俊豪絕人。皇甫仁爲都承旨。金宗瑞爲左承旨。自恃經世才學。視都承旨如摘頷下髭。一日皇甫遞職。安公以同副承旨。擢拜都承旨。自納承　命到院入中門。遂就都承旨之坐曰。可坐此座矣。宗瑞色墨如灰。自此遂成嫌隙。其後安公以兵曹判書。獲罪遠謫。人皆謂宗瑞醞成之也。

金處

金處光山金若恒君之子。金判官處以其父死於異國。傷痛得狂疾。昏憒不省事。雖小兒愚婦。百計欺之。皆信從不疑。常畏家中一奴。隨其指揮而俯仰不得。有所作爲。奴若叱之。則畏縮不能動。判官晝則多睡小醒。醒則自唱開東別曲。拂袖而舞歌。舞畢則大聲而哭。夜則長吟詩句。踽踽獨行。或入深山。或穿籬落。不暫休。一日見病者臥山中。判官憐之。持水而飲之。遂染疾而死。

金廬

金副正廬。亦光山之子。性至孝。喪母居廬。書孝經喪親章於壁。日日對壁而讀。讀畢嗚咽流涕不自勝。三載不小休。爲人善哭。哭聲清亮哀慘。聞者莫不抆淚。士人姓李者。得疾身熱頭痛。醫皆曰傷寒之症。用蔘蘇飲。盧仲禮後至。診脉曰。此是傷墜之疾。李曰近無此事。盧曰雖然更思之。李曰去年誤側足墜階。然不甚傷痛。至今亦無患。盧勸服傷元活血湯。李飲數服。汗凝血數升。其疾遂愈。

筆法

有僧丑卯。善書。自言吾筆似獨谷成相之筆。遂付諸壁而誇示之。一日獨谷到房見壁書曰。此吾往日所書。汝何從得之。僧大喜。欣然自得。

有李姓儒者。性躁急褊狹。不知大體。又好潔。凡飲食稍有麁惡。不得食。一日到妾家。其妾與私夫同寐。李力不能制。即仆于地。得病不得語。瞬息而死。

南提學簡。以清儉自任。平生不食牛肉。與族生往謁政丞。政丞饋以牛肉。族生曰。提學不食此物信乎。政丞以筋挾肉而嚼之。曰。可笑吾弟之膠固也。提學臨死盡取所剪爪甲。命殉之於櫬曰。如此可以盡禮。

慵齋叢話卷之三終

慵齋叢話卷之四

夏亭柳政丞。以清儉自守。數間茅舍。處之怡如。位極人臣而行藏似匹夫。人有來謁者。則冬月赤足曳草鞋而出見之。有時持鋤巡菜圃。不爲勞。

高令公得宗耽羅人也。以文學官至二品。少時謁母向濟州。海中遭颶風。船舷盡破。高與小僕得船板一葉。出沒鯨浪間。僕云兩人不得俱生。奴從此辭矣。遂縛高於板。自沉于海。隨波下上。氣力俱困。三日始泊岸。州人救而收之得活。

鄭貞節公甲孫。容貌雄偉。身長美髭髯。器量寬裕。雖累世宰相而清貧苦節。家無所儲。布衾蒲薦。處之晏如也。每慷慨直言。不避權勢。貪廉懦立。朝廷倚以爲重。嘗爲大司憲。論吏曹誤擧人注官。

上御思政殿受常叅。河相國演爲兼判書。崔公府爲判書。俱入侍。公啓曰崔府不足數。河演稍知事理。而用非其人。請鞫之。上怡顏兩解之。朝畢出外庭。二公流汗翻漿。公完然徐笑曰。各盡厥職。非敢相害也。遂呼錄事曰。兩公迫熱。汝可持扇颺之。雍容自得。不敢有懼悔之色。

讓寧

讓寧爲世子。淫於聲色。不務學業。嘗設鳥械於階上。方與書筵賓客對坐。徘徊四顧。志不在學。忽有鳥掛於械。奔走往取之。雞城君李來爲賓客。一日到宮門外。聞內間有人作鷹呼聲。心知世子所爲。世子坐筵。來曰。聞邸下作鷹聲。此非所當爲。願篤志於學。勿復爲此聲。世子佯驚曰。平生未見鷹。安得爲鷹聲。來曰。畋獵時臂而逐兎者此是鷹。邸下豈不見之乎。凡有愆咎。來必反覆極諫。世子視如仇讐。嘗謂人曰。若見雞城。則頭痛心亂。雖見於夢中。其日必有感寒之疾。 太宗種柿於禁中。嘗翫其實。

有烏啄食。太宗求善彈者彈之。左右皆曰。朝中武夫無可者。惟世子可。太宗即命世子彈之疊中。左右皆賀。太宗常嫉世子之行。久不見。是日始怡然一笑。

讓寧

金好生者本儒者也。少時居京。善造筆。讓寧爲世子。多引雜客以喪厥德。客有與之遊者。或誅或竄。好生一日持筆至其門。爲內使所縛。詣至　御前推之。好生以實對。上曰汝以外人交通靑禁。汝能造世子之筆。亦可造予之筆。遂屬工曹爲筆匠。好生稍鮮占聯。文士多有厚之者。好生問齋名於文士。文士曰。牧隱圃陶隱農隱。皆以所好號之。今汝以造筆名於世。可號曰毫隱。好生樂以從之。常自號曰毫隱。後有一文士到家曰。汝知毫隱之義乎。隱字非隱遯之隱。以汝受人毫毛。每竊取之。故號之隱。乃偸竊之隱。好生而不復稱。

朴以昌

朴絫判以昌。宰樞朴安身之子。少倜儻不羈。談辯諧謔。然慷慨謇諤有乃父風。少時居尙州。懶慢不務學。父母戒之。不從命。科期已迫。隣有寡婦之子從公遊。寡婦謂公曰。吾子欲赴鄕試。年少不能獨往。子須率行。公不得已入場中。羣擧子皆沉吟。公忽自思曰。以曹交之長。曳白而出則必貽笑於人。强執筆成篇。榜出則公爲壯元。卽馳書於父曰。一方之士。雷動雲合。予居其首。不顯其光。由是礪志竟登第。初入翰林。翰林風俗初入者。謂之新來。或徵酒饌。或侵勞困抑之。滿五十日乃許坐。謂之免新。公不撿束。屢得罪於先生。過期猶不許坐。公不勝憤怒。自升其坐。旁若無人。時人謂之自許免新。嘗爲承旨。陪駕而行。路旁士女設幕觀光者無數。有一女。玉手鉤簾半露。而公大唱曰。纖纖女手可以手而摟兮。同僚曰。彼必良家之女。君何發言如是。公答曰。彼爲良家女。則我獨不爲良家子乎。左右大笑。其俊辯多類此。大抵宰樞赴京師者。平安州郡多給乾糧。至有以此而致富者。公嘗於奏事之際。極陳其弊。及公朝京。討道途之遠。不得已多備而行。事覺將推之。公回到新安館曰。將何顏復覩我　殿下乎。遂自刎而死。

洪宰樞徵時路逢雨。趨入小洞。洞中有舍。有一尼。年十七八。有姿色。儼然獨坐。公問何獨居。尼云三尼同居。二尼丐粮下村耳。公遂與敘歡。約曰。某年月迎汝歸家。尼信之每待某期。期過而竟無影響。遂成心疾而死。公後爲南方節度使在鎭。一日有小物如蜥蜴。行公褥上。公命吏擲外。吏遂殺之。翌日有小虵入房。吏又殺之。又明日虵復入房。始訝爲尼所祟。然恃其威武。欲殲絕之。即命殺之。自後無日不至。至則隨日而漸大。竟爲巨蟒。公聚營中軍卒。咸執刃劍圍四面。蟒穿圍而入。軍卒爭斫之。又設柴火於四面。見蟒則爭投之。猶不絕。公於是夜則以櫝裡裏蟒置寢房。晝則貯藏於櫝。行巡邊徼。則令人負櫝前行。公精神漸

志怪

耗。顔色憔悴。竟搆疾而卒。

漆原府院君尹子當。母南氏年少寡居咸陽。尹年七歲隨南氏。往巫家問卜。巫云夫人勿憂。此兒有貴相。然兒必因弟力得貴。南氏曰。寡婦之子安得有弟。後南氏適李家生子。是爲李相叔蕃。佐　太宗定社。功爲第一。權振一國。而尹公亦因李力。得叅勳列封君。

善射

裴珝文李石貞。以善射名於一時。日以射爲課。不避寒暑。雖夜月亦爲之。兩人射帿。則終日不出鵠。終無勝負。或於石上立小的。矢直而中的。一無觸石者。故矢不得破。女眞酋長善射者。聞珝文之名。欲與之校能。乃於五十步樹兩柱。橫繫彩繩。懸小環於其中。珝文三發而矢貫中。酋長歎服不已。珝文嘗謂人曰。一日與李石貞期射。而先至其處。布帿尙未張。有雙雉啄其旁。僅百步許。以細箭射一雉而殪之。一雉欲飛起。又射而殪之。此亦萬分之中一幸。非常事也。石貞脅力絕人。能彎強弓。朝飯則騎馬掛弓。挾數矢而出。未午而還。獲雉雁如矢之數。官至僉樞。以罪被誅。瑚文未登堂上官。折臂退老鄉曲。病不能射。作軟弧小箭。張小帿於數十步。百中而無一失。雖名善射者不能及。

世廟設拔英試。一時名臣宰相皆與焉。翌日謝恩。　上御思政殿引見。設酌而慰之。御製詩一首。令群臣和之。伯氏亦入侍。附耳語李文芮質公曰。常上以足下爲迂濶。君可爲戲詩呈之遂和云。歌詠聖德欲起舞。天風吹袖助回旋。　上大笑曰。予以芮爲迂儒。今觀是詩。豪氣有餘者也。即命內女彈琵琶。用文質所作詩歌之。令文質起舞。極歡而罷。未幾加嘉靖大夫。洪中樞日休。容貌雄偉。倜儻不拘小節。性又不好潔。常時不頮面梳髮。飲食亦不擇精粗。與朋徒酌於江上。以蚯蚓爲餌。無刀不能折。以齒齕之。又與朋徒捕魚。終日不獲。至樓院。脫衣登樓。捲瓦探雀鵝。葉有毛專取赤者。以杻貫而灸之。啖數貫。傾壺而飲之曰。此亦美味。何必瑣細小魚也。隨世廟朝京師。每拾馬糞燒饅頭而食之。後　世廟與羣臣相話。每戲日休曰。此人不潔。勿差享官。公能作詩。詩思豪健。又能通曉漢語。屢往來京師。嘗奉使南方。一夕飲數斗而卒。乖崖作挽詩曰。痛飲千盃重。浮生一羽輕。

白貴麟善醫術。人若有疾邀之。無不往。辛勤救活。一毫不取於人。家甚貧。僅備衣食。而清操愈厲。中朝使臣到國。見貴麟曰。彼老官何人。而衣冠麁破。通事荅曰。不受於人。故人不給之。所着衣冠。恒在酒家。故如此破壞也。使臣變色致敬。

徘偕

鄭中樞自英。一日入侍。例賜鷹子諸宰樞。皆臂而出。中樞不知臂之之術。以兩手拱執之。鷹飛騰不已。兩手盡裂。顧謂左右曰。此鳥食何物。左右曰以生肉喂之。中樞曰。吾家難得生肉。惟有鹿脯數條。漬水而脆之。則可以飼之乎。左右絕倒。

慵齋叢話卷之四　　九四

世宗始設集賢殿。招聚文學之士。朝夕延訪。猶慮文學未振。更選其中年少聰敏者。上寺讀書。供饋甚豐。正統壬戌。平陽朴仁叟高靈申泛翁韓山李清甫昌寧成謹甫赤村河仲章延安李白玉。受　命讀書于三角山津寬寺。做業甚勤。酬唱不休。其三角山聯句云。誰分混沌殼。爾生最太古。仁 三峯高崒嵂。萬目聳瞻睹。泛 磅礴蔽天地。嵩高作雲雨。謹 幽棲丹穴鳳。屏跡白額虎。清 劈開由巨靈。奠高賴神禹。仁 以茲盤持天。寧與培塿伍。泛 設險衛王公。降神生申甫。謹 岱宗豈惟齊。東山非獨魯。清 乾坤費精英。日月相呑吐。仁 鶴駕聆笙韵。仙蹤尋洞府。泛 賦欲效南山。才慚非韓愈。謹 中藏幾丹邱。上有眞玄圃。清 蒼顏望何尊。白頭知乃祖。仁 鹿猊隔羅網。松檜雜斤斧。泛 截愁斷地脉。悠若尋天柱。謹 銘功鄙燕然。封禪非梁父。清 作鎮黃圖首。流形赤縣股。仁 望喜欹危壯。登憂傴僂若。泛 岩岩列崖石。濟濟多榛楛。謹 鼎立無尊卑。人揖執賓主。清 粲天絕躋攀。郊國用斤斧。仁 峯危胥靡，愁。壑穩仙女聚。泛 羊脂藏璞玉。鵝管生鍾乳。謹 冬雪多瑤臺。春風亂花塢。清 仞儿陋虧簣。尺五欺韋杜。仁 列峀競蹌蹌。孤峯獨踽踽。泛 攢峯森矛戟。靈籟奏韶武。謹 淙淙石上泉。欝欝烟中樹。清 固知拳石崇。莫讓微塵寓。仁 對陳嚴馳突。臨機分黨部。泛 萬石紛向背。千林紛喜怒。謹 泰運自興起。神功爲支柱。清 烟生肌上白。雪積腦邊盬。仁 寒風吹正急。瘦骨病新愈。泛 奇健固難形。惟特不可數。謹 萬壑酣笙鏞。千林齊鼓舞。清林轉訝驚趨。岩回看嬉侮。泛 邊城不動塵。孝子無陟岵。謹 龍蟄噓雲氣。神藏起烟注。清 石磴互盤迴。招提相旁午。仁 谷應聞寒鍾。溪杳知宿莽。泛 如太行蔽秦。若終南鎭鄠。謹 或如牛馬奔。有似旌旗竪。清 初疑飣梨栗。却訝積倉庾。仁 霧捲猶啥呀。雲深若盲瞽。泛 仰者立驕將。低則伏降虜。謹 松檜年深老。岩崖歲久蠱。清 陽春氣融融。草木光煦煦。仁 朱明布新律。茂林增翠堵。泛 白帝扇金風。紅樹照玉宇。謹 木落增憔悴。形枯失媚嫵。淸 一山儘難窮。四時景可取。仁 樵聽橫晩笛。僧聞喧夜鼓。泛 貼安周鼎危。我然戴殷冔。謹 儼然大帝立。簇若群臣扈。淸 西林津寬寺。南壓漢江滸。仁 小憐跂而及。大厭仰不俯。泛 上磨明星熒。下瞰周原膴。謹 禪社茶何冷。村墟酒須酤。淸 窮經尋山室。願神受天祐。仁 朝夕對蒼翠。坐臥看訓詁。泛 賦詠雖酷好。學術則麁粗。謹 願乞山英靈。聊益我肺腑。淸 用以期遠大。致身可相輔。泛 紙燈聯句曰。傚得水輪樣。藏爲一室光。仲 上體如天轉。下形象地方。仁 成質資輕楮。揚輝避大陽。伯 卵迸頳虬穴。寒凝素練霜。泛 面帶十分潔。心合一點芒。仲 風射寧憂滅。夜明不覺央。仁 冬日何須雪。秋宵不費囊。菡萏擎新艷。輕盈倚晩塘。泛 雪裡明神焰。更深照短墻。仁 粹玉亢無缺。爛紅只欠香。仲 薄穿嗔外面。明白取中腸。仁 莫誇宵切用。應見曉歸藏。伯 蓮炬取煒燁。銀燭避熒煌。泛 芳心樣濃艷。皓質笑新粧。仲 妖姬眼帶酒。死士目回瞠。偸光慚見月。粘紙認無障。伯 籠輕越羅快。風急齊牛狂。泛 一點明星倒。十分淸鏡張。仁 講榻件儒釋。塵編照帝王。仲 非是韓檠短。還如杜焰長。仁 在人偏需索。隨手任翺翔。伯 放明寧自喜。暫晦不須傷。泛 燭幽同日月。焚玉豈崑岡。仲 繼晷勤功業。看花占志祥。仁 可親兼可畏。貽善又貽殃。伯 老僧知有意。飢鼠要相防。提携憐不久。朝日在扶桑。泛

高山放石聯句曰。高山千萬仞。自上放岩石。謹 乍訝響雷霆。倏如飛霹靂。淸 擊木驚搖翠。傾岩觸噴白。泛 穿雲出復沒。遇物順還逆。謹 孟獸盡橫奔。丈夫皆辟易。仁 捿鶴忽破眠。蟄龍應褫魄。淸 避峻勢漸緩。臨危走更迫。泛 飛走任高低。東西隨觸激。伯 牧野士崩角。瑤臺姬裂帛。謹 崩騰豈崖岸。傾洞無蹤跡。淸 初來誰敢當。畢竟莫與格。泛 飛疾隕宋時。勢急崩梁石。伯 奪稍俄至三。

橫戈一當百。謹 車馳萬壘平。鼓動千軍擊。清 壯夫騎驥騏。峻坂加鞭策。泛 可轉合編詩。能飛宜見射。伯 駛水如注壑。驚駒似過隙。謹 取次閱天籟。容易動地脉。清 聒耳奔車過。閃眼駭虎擲。泛 致遠不暇蹄。飛空豈須翮。謹 超置逸兔狂。喪子怒猨嚇。伯 身輕一鳥疾。響大空山窄。清 一飯漲胷腹。三盃傾琥珀。乘閑凌崒嵂。軟脚何跛躄。送寂諒無由。放爾聊怡懌。泛 聞笛聯句曰。一聲何處笛。中夜聞翠巘。謹 撼月響何高。隨風飄更遠。清 清潤鶯轉喉。圓流丸走阪。泛 側耳撼哀音。傾心排忿懣。仁 悠悠鏡裏情。嫋嫋山中晚。伯 裂石清韻壯。折柳相思恨。謹 清濁自成倫。宮商不相混。清 放去自要妙。收來竟婉晚。泛 據床弄已久。倚樓興難玩。仁 奇韻今聞蔡。清嘯誰記阮。伯 庭除梅花落。海底魚龍狠。謹 初驚引而長。久喜清且婉。豈獨隴笳吹。能令賈胡遁。泛 猴山鳳聲清。泓下龍吟婉。仁 哀動旅關山。怨深發室閫。伯 裊裊聲轉哀。悠悠意未穩。謹 來時耳何傾。去者手難挽。清 擊風捲塞沙。寒雪吹秦苑。泛 聽之殊不厭。舞我宜蹲蹲。仁 工吹是誰子。創知寧無本。伯 子晉元不死。桓伊疑生返。謹 孤吹獨鶴吟。齊作千牛𨋍。清 咽咽如泣訴。呢呢同喈噂。寄語吹笛子。珍藏愼勿損。伯 聞韶不知肉。我亦忘一飯。仁 愛之不自已。爲爾攄繾綣。謹 有釋一庵恒隨之。得傳寫焉。

集賢諸學士。上巳日遊城南。我和仲氏亦與焉。和仲新及第有文名。故邀之也。學士分韻爲詩。和仲得南字云。鉉槧年來病不堪。春風引興到城南。陽坡芳草細如織。正是青春三月三。諸公閣筆皆不能賦。及爲博士。與提學伯高在鑾坡。伯高占聯句云。玉堂春暖日初遲。睡倚南窓養白癡。啼鳥數聲驚午夢。杏花嬌笑入新詩。和仲次云。乳燕鳴鳩晝刻遲。春寒太液柳如癡。鑾坡睡破無餘事。時展蠻箋寫小詩。又遊藏義洞造紙署。爲辦宴。且有妓數人。亦有僧數人。諸公皆賦詩。和仲亦占一句云。有花有酒仍有山。賓歡主歡僧亦歡。不辭醉後兩耳熱。飛泉洒面令人寒。伯高曰。不如改令人爲聲聲寒。

崔司成脩。有能詩聲。嘗謂人曰。吾於路上。見鼠穿穴。偶得句云。陌鼠縱橫穴。未得其對。及見有禽成巢。遂足之云。山禽委曲巢。此皆得於自然。非經營也。黃驪途中詩云。甓寺鍾聲半夜鳴。廣陵歸客夢初驚。若教張繼來過此。未必寒山獨擅名。又作琴師金自麗詩云。我昔驪江江上吟。携衾半夜獨鳴琴。初疑石竇冷泉咽。却訝松窓爽籟侵。白雪陽春遺響在。高山流水古情深。喜聞今日相思調。彈盡年來不見心。

少子世淳號竹軒者。伯氏之子也。少余三歲。故余與之共學。纔學推句。而知作詩。纔讀孟子而知作文。思如湧水。如鬼神所助。作山居詩云。朝伴白雲去。暮隨明月來。見伐木者作詩云。秋深雲山中。樵人荷斧去。伐木聲丁丁。袒裼呼耶許。有親戚將向嶺南。來告別曰。聞小童能詩請句。即口號云。臨送門前縮柳條。千巖萬壑路迢迢。南鄉他日相思處。蜀魄聲中碧嶺高。冬日雪消氣暖。有文士數人。來見伯氏。邀童作詩。即呼云。冬至陽生土氣融。喜晴鵝鸛上遙空。雪消池館疑春日。正是山南十月風。外叔安公夫妻俱年七十。其子輩。以壽椿名其堂。戲童曰。汝可作記乎。即援筆書云。椿者樹之壽者也。父母之壽如椿之壽者。孝子仁人之所欲也。衆皆擊節歎服。年十五而夭。人皆惜之。

吾仲氏有三子。長曰世傑。英敏能詩。年十三而死。嘗隨人遊水車洞。作詩云。二溪流水回青虵。林壑窈窕幽興多。勸君今日不痛飲。奈此爛熳山花何。時稱神童。次曰世勣。字茂功。英邁絕倫。自少時詩思如發苕穎。書法神妙。與伯氏莫辨。及長爲文雄壯。如駿馬馳坂。難以銜勒而羈之也。如蠅虎舌耕賦。膾炙人口。赴生員試。作地利不如人和論。冠出諸作。遂擢一等。嘗與朋友讀書山寺。夜半如厠。良久未還。自後心神恍惚。得狂疾。至今年過四十。蒙昧不省人事。其弟世德。登進士試。亦得狂疾不愈。大抵狂人。盛夏襲重裘不以爲熱。隆冬被單衣。不以爲寒。疾病不加於身。憂樂不係於心。語言錯亂。溲穢混處。惟於飮食之時。的知醎淡。飢而呼食。飽而即休。天雖生病於人。而不置於死地也。茂功有二子。曰誼曰諒。誼能詩。其律詩清穎有法。諒能詩賦。又有操行。其所著墨梅蜥蜴等賦。傳播於世。二人皆未三十而死。諒之死。朋徒坌集助喪。知有宿德也。

金乖崖

金文平公乖崖。能通六經諸子百史。無不探討。尤深於釋典。嘗謂人曰。學文之功。須要熟讀一書。又當緩而思之。急速則難臍其味。我操心定性。故觸處皆通也。少時每從人借書。來往泮宮。日日抽取一張。藏諸袖間而誦之。若有遺忘之處。則出而視之。

誦而即記。故誦一帙則一帙盡矣。申相文忠公有受賜古文選。粧潢新巧。愛之不離手。公往借之懇。文忠公不得已借之。踰月到其家。則裂取之片片塗於壁上。烟薰莫辨。問其由則曰。吾嘗臥而誦之矣。其爲文章筆勢浩瀚。如長江巨浪滔滔不能遏。人有求詩文者。信手而成。未嘗起草。或有人並求者雖至八九。令人搦筆。公四顧呼之。各適其體。而文不加點。　世祖朝多設舍利瑞氣陳賀之事。雖有主文者。不得造次撰表。翰林持紙而進。則應之如響。對友益精。嘗與宰樞論文。丘中樞從直曰。乖崖雄文巨筆。則不敢望。至如四書疑。則當不讓矣。公憤然曰。然則與君校藝可乎。金判書禮蒙時在座。抽問四書疑處。丘公先成之。皆陳言俚說。公次成之。六經注疏。無不引而證之。超到古人所不到處。衆皆服其神。是日永順君謂公曰。吾有謝恩事。可製表惠之。公許諾。行至下輦臺畔曰。還家則懶慢難成。欲於此時製呈。遂索紙張立口號、令儒士書之。一刻而就。表辞懇到精切。丘公跪沙中曰。平昔雖聞公文章高妙。不知至於此極。今日始知天之高也。不復與公爭文。皇華陳翰林遊楊花渡賦詩、詩有怡字。人有次其韻者、皆羞澁。公遂占曰。江深畵舸惟須泛、山遠晴雲只可怡、陳公曰。山中何所有、嶺上多白雲。只可自怡悅。不堪持贈君。君眞得其趣也。祈郞中遊漢江賦詩。詩有眠字、侍座文士皆和一篇。公獨艱苦沉吟。良久未就。竟占一句云、江口日斜人自集。渡頭風靜鷺絲眠。時注書李昌臣在旁告人曰。自集絲眠。恐非對格。公遽曰君可改之。昌臣曰、改絲爲閑若何。公曰君言甚當。我近來詩思枯涸。此是不針灸之患。人皆笑之。公長於詩文。而拙於治產。每布書籍於床。施席於其上而寢之。人問其故。乃曰床冷無氈也。門前有大槐樹。嫩綠成陰、公令奴鋸斷之。人問其故。乃曰家中無薪。欲炊飯也。事多類此。

永川君定。孝寧大君之子。其夫人出於吾門。故與之相從甚厚。爲人豪宕不覊。性又純謹。每事徑情直行。詩思淸新。畫格亦奇。一生沉於酒色。鄕妓初以選到京。公邀致其家。盛飾衣服。未幾爲年少所引而逃。亦不尋問。故平生作成。不知其數。家中女僕、則盡招樂工而嫁之。雖得一壺酒。絲竹鬧於庭。日日沉醉。嘗於馬上。擧鞭書空。人問其故。答曰作山水圖形矣。酷愛文士。所與交者。皆名卿鉅儒。若見儒生。則雖於馬上。攀執衣袂。歷論古今人物文章氣律。有斯文李尹仁有仁兄弟過梨峴。適君因醉微服坐路旁。二人以爲凡人而不下馬。君使人招之。曰。汝見王孫何不禮焉。汝是何人。有仁曰我是文士。君曰誰人榜登第。有仁曰吾壯元則高台鼎。君唾涎曰。姜子平之類。汝可速退。問尹仁、曰。汝是何人。答曰文士也。曰誰人榜登第。答曰吾壯元李承召也。君曰汝知白登山賦乎。尹仁誦之。君頓首禮拜而送之。

筆法

我國少有好事者。宰相之卒。鮮用碑碣。惟大刹古基多有之。今嶺南諸寺有崔孤雲所撰。原州資福寺碑則王太祖所製。而集唐太宗書。亦一奇寶也。玄化寺碑則顯宗親篆其額。周佇製而蔡忠順書之。靈通寺碑則金富軾製而吳彥侯書之。雖皆奇古。然字體有異。普賢院原上有碑半折。辭語豪健。字體遒勁。元朝危素作而虞集書。眞絕代奇寶。而人不護惜。今已破碎無餘矣。正陵碑則牧隱所製而柳巷所書。亦極精妙。至我朝圓覺寺碑則金乖崖製而伯氏書之。其筆法可與子昂頡頏。雖瑢所書英陵碑。亦不能過。後世寶之者必多矣。

自東坡驛向松都半道。有普賢院。人言是毅宗朝文臣遭害之處也。余少時過其坪。山麓有池深黑。長可數里許。思想往事。不勝慷慨。後年過之。則已爲陸地耕種矣。

免新

新及第入三館者。先生侵勞困辱之。一以示尊卑之序。一以折驕慢之氣。藝文舘尤甚。新來初拜職設宴。曰許參。過五十日設宴。曰免新。於其中間設宴。曰中日宴。每宴徵盛饌於新來。或於其家。或於他處。必乘昏乃至。請春秋舘及諸兼官。例設宴慰之。至夜半諸賓散去。更邀先生設席。用油蜜果。尤極盛辦。上官長曲坐。奉敎以下與諸先生間坐。人挾一妓。上官長則擁雙妓。名曰左右補處。自下而上。各以次行酒。以次起舞。獨舞則罰以酒。至曉。上官長乃起於酒。衆人皆拍手搖舞。唱翰林別曲。乃於清歌蟬咽之間。雜以蛙沸之聲。天明乃散。

凡夢皆隨思慮而成。不一一有符驗。余嘗夢奇而有符者四也。余年十七八夢入山谷。山奇水潔。夾澗桃花亂發。到一招提。翠栢數株陰映庭除。升堂有黃金佛。老僧梵唄聲振林谷。退適別室。則有紅粉數娃作樂。紗帽官勸酒。余乘醉而逃。忽欠伸而覺。後數年余與伯氏奉大夫人往海州。一日遊神光寺。其岩澗林木殿堂廊廡。一似昔之所夢時。巡察使韓公亦往。爲太夫人設齋飯。僧中有老衲唱佛。亦如夢見者。牧使李公邀余飮於外室。州妓數人奏樂。牧使勸酒。余大醉而還。余於己丑年。奉大夫人之喪。葬坡州。仍居墓廬。半夜張燈。讀南華內篇。憑案暫睡。忽到仙境。其宮室壯麗。宛非人世所覩。有一人黑衣坐殿上。面態姿多髯。余覆階下而拜之。後隨伯氏朝京師。其宮闕宛似夢之所歷歷。皇帝之容亦夢中所覩也。余直玉堂。夢到承政院前房。兼善在房中。謂余曰。君速還去。我出此房後。君入此房矣。未幾兼善拜承旨。遞任後。余亦拜承旨。又夢入山谷。路甚崎嶇。或緣崖岸。或越澗坑。間關得至山腹。有高樓。攀援而登。則耆之先坐其中。迎謂余曰。何苦邐迤遠道而來。我則由逕路升矣。指樓下長橋曰。此直路也。未幾耆之以典翰特拜承旨。余歷他職。後年拜承旨。其驗甚著。

博物

余嘗在園中。有鳥腰以上斑駁。腰以下純黃。其飛如擲梭。始知一物。夏爲黃鶯。而冬爲喙木也。又在鄉曲。見田間水多小蝦。每取而食之。一日歸到。則小蝦與多足臭虫。相雜泛洄。熟視之。則頭尾或有半化者。由是知化生之理不虛也。

崔池

崔司成池登第以後。多任外職。　世祖十一年聚文士于慶會樓下試藝。池長吟緩步。行至後苑。適逢　上微服出苑中。崔長揖不拜。　上問曰。是何人。擅入內地。無禮於我。崔對曰。我文士也。宮中但爲上而已。豈敢別禮於子乎。崔於是心知非凡人必王子也。遂蹲坐路旁。　上曰。汝非原壤乎。何其蹲俟。俄而侍女內豎繼至。崔驚怖謝罪。　上即御序賢亭。呼池講論經史。隨問隨對。經史奧旨。一一精解。　上大喜。手賜巵酒。崔快倒數巡。顏色自若。　上曰此儒精於理學。恨其得之之晚。即拜池爲司藝。

儒生見長揖于王子大君宜當禮也

雞月

雞城君李陽生。本庶孽賤人。嘗以造屨資生。入壯勇隊。從征李

慵齋叢話卷之四　　一一〇

施愛有功。賜功臣號。嘉善封君。目不知書。然性純謹樂易、無一毫私曲。嘗過舊肆。見微時所與交者、必下馬論懷而後去。其妻則我叔姑家婢也。容貌麁陋。年老無子。人有勸之者曰。君有大功、官至宰樞。且無胤嗣。何不更娶名家女爲婦生子乎。答曰。吾少時所與共貧困。而一朝棄之不可也。以賤人而娶良家女。有害於義不可也。吾嫡兄微弱不能振。不如以其子爲後。賴吾功蔭。庶幾大吾宗也。人皆謂知分而有長者風。性度弘大。雖紗緞美衣。即脫以與人。曾無一毫吝惜之意。又能善於馳射。其搏虎雖馮婦不及也。見人顏色。必辨盜賊。十擧而不一失。雖部雍不若也。每有捕虎捕盜之事。朝廷委而任之。

志怪

吾隣有奇宰樞、乃一時名賢也。吾少時與奇之孫裕。竹馬相交戲、宰樞捐世、余與裕俱筮仕。而裕餘蘖居其宅。未幾宅凶。人不得入。裕亦從他焉。吾從其隣聽其說。則有僮立門外。忽有物附其背。重不能堪。猥狽而入。覔之不見物。良久而釋。流汗被體。自後多恠事。人若炊飯。則鼎蓋如舊。而糞滿其中。飯散于庭。或取盤盂擲于空。或取大釜環空中而擊之。聲如洪鍾。或見圃中菜蔬。皆掘而倒植之。須臾而枯。或見衣籠牢鎖。而衣裳盡排梁上。幅幅皆着署。如科斗篆。或見無人籠間火光忽起。如有人捧之者。來觸廊廡。廊廡盡燒。以故棄而不取者已多年。裕憤然曰。先祖家室。久未修葺。豈人子奉先之意乎。大丈夫豈有畏鬼之理乎。即入居。恠亦復作。或移飯鉢。或以糞穢塗人面。裕若叱之。則空中唱云。奇都事敢如是乎。未幾裕得病而卒。人皆云。裕之表弟柳繼亮謀亂被誅。而其神依家作祟也。

志恠

又有李斯文杜。爲戶曹正郞。家中忽有鬼物來作惡。聽其語音。乃其叔姑死已十年者也。生產作業。一一指揮。非徒晨夕供飯。凡欲有所食皆需之。稍不如意則勃怒。雖不見其執匙揚飯。而饌飯自然消滅。腰以上則不見。而腰以下則張紙爲裳。兩足枯瘦如漆。無肉但骨而已。人問足何若是。答云。死久地下之人。安得不如是乎。百計禳之不得。未幾斯文得病而死。

慵齋叢話卷之四終

慵齋叢話卷之五

俚談俳偕下同

昔有青州人竹林胡東京鬼三人。共買一馬。青人性黠。先買腰脊。胡買其首。鬼買其尾。青人議曰。買腰者當騎之。嘗馳突任其所之。胡供蒭秣而牽其首。鬼執蜄掃矢而後行。兩人不堪其苦。相謂曰。自今以後。能遊高遠者當騎。胡曰我嘗到天上。鬼曰我到爾所到天上之上。青人曰汝手所觸無乃有物乎。無乃有髗而長者乎。鬼曰是矣。青人曰彼髗長者是吾脚。汝捫吾脚必在吾下。二人莫對。長爲青人僕從。

昔有人潛携喘鴿下鄕曲。路宿一家。乘曉而出其家亦不知客人之所携也。到鄕。鴿飛還京師。必入所宿家。回翔而後出。其家見鴿舉皆惶駭。問於經師曰。有物非鳩非雀。鳴如鈴聲。向家三匝而去。是何祥也。經師云。必有大禍。我將往禳之。明日邀經師至家。經師云必從我所爲。若不從我所爲則禍反重矣。我試言之。爾能聽之。遂呼曰出命米。擧衆皆曰出命米。經師云出命布。擧衆皆曰出命布。經師云是何如此。衆皆曰是何如此。經師憤怒而出。頭觸戶棖。衆人馳逐。爭以頭觸棖。兒童或依梯而觸之。經師至門外。適有牛糞泥滑。側足而仆。人皆側足而仆。牛糞已盡。或有加之而側仆之者。經師惶劇竄入冬爪蔓下。擧衆隨入。倚疊如山。兒童未及入。呼而泣曰。爺耶孃耶我去何處。爺孃答曰。爪蔓不得入。則往入南麓葛葉底可矣。

昔有兄弟二人。兄癡而弟黠。值父忌欲設齋祭。顧家貧無物。兄弟乘夜。潛往隣家穿壁而入。則適有主翁出巡。兄弟屛氣伏階下。翁溺于階。兄呼弟曰。有暖雨滴我背奈何。遂爲翁所執。翁問何以罰汝。弟曰願以杇索縛之。以麻骨打之。兄曰願以葛索縛之。以水精木打之。翁如言罰之。罰已。問何所用而爲盜。弟曰欲於忌日祭父。翁憐之給穀恣其所取。弟得赤豆一石。盡力負而還家。兄則得赤豆數粒。挾藁索而曳之。呼耶許而還。翌日弟熬豆粥。令兄往請僧而齋之。兄曰僧何物。弟曰入山中見緇衣而請之。兄往見樹抄有黑烏。乃呼曰。禪師請來食齋。烏鳴而飛。兄還曰。請僧乃攫攫而去。弟曰此烏也非僧也。更往見黃衣而請之。兄入山中。見樹抄有黃鳥。乃呼曰。禪師請來食齋。鳥鳴而飛。兄還曰。請僧睍睆而去。弟曰。此鶯也非僧也。我往請僧。兄且留焉。若釜中粥溢。則斛而盛諸凹器。兄見簷溜滴階成凹。遂以粥盡瀉於其中。及弟請僧而還。則一釜之粥盡矣。

上座誣師僧自古然矣。昔有上座。謂僧曰。有鵲含銀筯。上門前刺楡。僧信之。攀緣上樹。上座大呼曰。吾師探鵲兒欲炙而食之。僧狼狽而下。芒刺盡傷其身。僧怒撻之。上座乘夜懸大鼎於僧所出入門戶。大呼曰火起矣。僧驚遽而起。爲鼎所打頭。眩仆地。

良久而出。則無火矣。僧怒責之。上座曰。遠山有火。故告之耳。僧曰自今只告近火。不必告遠火。

又有上座。誣師僧曰。吾家隣有寡婦。年少有姿色。常謂余曰。寺園裏柿子。汝師獨食之乎。余答曰。師豈獨食之。每分與人矣。婦曰汝以吾言乞之。吾欲食之矣。僧曰。若然則汝可摘而往遺之。上座盡摘而往遺其父母。來謂僧曰。婦悅而甘食之。復曰。玉堂所設白餅。汝師獨食之乎。余曰師豈獨食之。每分與人矣。婦曰汝以吾言乞之。吾欲食之。僧曰。若然則汝可撤而往遺之。上座盡撤而往遺父母。來謂僧曰。婦悅而甘食之。乃曰何以報汝師之恩。余答曰師欲與之相會矣。婦欣然許之曰。吾家則多親戚僕隷。師不可來。吾當挺身而出。一詣寺相見矣。余以某日爲期。僧不勝雀躍。至期遣上座往迎之。上座來謂寡婦曰。吾師有傷肺之疾。醫言婦人粉鞋。煖而熨腹則可愈。願得一隻而歸。婦遂與之。來蔽門屏而伺之。則僧淨掃禪室設褥席。獨言而笑曰。余在此婦在此。余勸飯婦食之。余携婦手入房可與歡。上座遂入。以鞋擲僧前曰。大事去矣。余請婦而來。婦到門見師所爲。大怒曰。汝誑我矣。汝師狂疾人也。奔走而還。余追之不及。只得所遺鞋一隻來矣。僧垂首悔恨曰。汝棒余口。上座即以木枕盡力捧之。牙齒盡碎。

有僧謀寡婦往娶之夕。上座誣之曰。粉韲生豆和水而飮之。則大有利於陽道。僧信而飮之。至婦家。腹脹滿。艱關匍匐而入。垂帳而坐。以足撐穀道。不得俯仰。俄而婦入。僧危坐不動。婦曰何如是作木偶狀。以手推之。僧仆地滑矢瀉出。臭氣滿室。其家杖而黜之。夜半獨行迷路。有白氣橫道。僧意以爲川水。褰裳而入。乃秋麥花也。僧憤怒。又見白氣橫道。曰麥田旣誤我。復有麥田耶。不攝衣裳而入。乃水也。衣服盡濕。過一橋。有婦數人。淘米溪畔。僧曰酸哉酸哉。盖言狼狽受苦之形也。婦人不知其由。群來遮之曰。淘酒米之時。何發酸哉之語乎。盡裂衣服而毆之。日高不得食。枵腹不耐苦。掘薯蕷而啖之。俄有呵唱之聲。乃守令行也。僧伏橋下避之。乃默計曰。薯蕷甚美。若以此進呈則有得飯之理。守令至橋。僧翻然突出。守令馬驚墜地。大怒棒之而去。困臥橋傍。有巡官數人過橋視之曰。下有死僧。可與習棒矣。爭持杖相繼棒之。僧恐怖不得喘息。有一人。抽刃而進曰。死僧陽根宜入於藥。可割而用之。僧大叫而走。黃昏到寺。門閉不得入。高聲呼上座曰。出開門。上座曰。吾師往婦家。汝是何人乘夜來耶。不出視之。僧由狗竇而入。上座曰。何家狗歟。前夜盡舐佛油。今又來歟。遂以杖棒之。至今言遭狼狽辛苦之狀者。必曰渡水僧云。

昔有士人迎婿。婿甚愚騃。未辨菽麥。三日與新婦同坐。指盤中饅豆曰。此何物。婦曰休休。婿劈餠。餠中有松子。問曰此何物。婦曰莫說。婿歸其家。父母問食何物。婿曰。一休休裏有三莫說。婦家憂悔。莫知所爲。一日買盧木櫃。可容米五十斛。約曰。婿若知此則不黜之。婦終夜誨之。翌日翁呼婿而示之。婿以杖叩之曰。盧木櫃可容五十斛矣。翁喜甚。又買木桶而示之。婿以杖叩之曰。盧木桶可容五十斛矣。翁患腎膀。婿往問疾。翁出而視之。婿以杖叩之曰。盧木腎膀可容五十斛矣。

有將軍姓李者。年少俊邁。風標如玉。一日縱轡過大街。街頭有女。年可二十二三。美艷異常。率婢僮數人問卜於盲。將軍目送不止。女亦似慕將軍之儀。相與注視。將軍令卒往尋女所往。則卜畢騎馬率婢僮入南門。向沙堤洞。家在洞中最高處。亦巨室也。翌日將軍入沙堤洞。出入閭閻。適有弓匠在洞裏。將軍武人。仍與結交。日日談話。問洞裏諸家。弓匠一一言之。將軍又問彼山麓大宅誰氏家。弓匠云宰相某公之女新寡矣。將軍見往來出入之人。必問其所。一日有年少女來乞火。弓匠云此寡婦宅人也。將軍知之。翌日來到以情告之曰。予愛彼女。念之不忘。若因主人而成之。則死生惟命。弓匠邀請其女。報以將軍之言。仍納貨布。女遂諾。將軍曰。愛汝太甚矣。然有一段情懷。汝能聽之。則非徒厚賂當汝產。女曰第言之。將軍曰。近者見汝主於大街。自此以後。神心惚恍。不甘餐食。女曰此甚易耳。將軍曰爲之奈何。女云明日黃昏到吾門外。則我出待之。將軍如期而往。女欣然出迓。邀入其房。戒之曰。毋急速。忍而待之。遂閉戶鎖之。將軍惶懼。疑爲其女所賣。俄聞內間有燈燭喧鬧之聲。則主婦如厠也。其女下來遂挾將軍而入。置諸內閨。復戒云。忍之忍之。不忍敗謀。將軍遂投暗房。俄有燈燭喧鬧之聲。則主婦入矣。羣婢皆退。婦脫衫盥面塗粉。玉分皎潔。將軍意疑迎我矣。梳盥畢。遂就銅爐。熾炭炙肉。又煖酒於銀盃。將軍意疑饋我也。將欲出。忽念其女忍之之言。姑坐而待之。俄有亂沙撲窓之聲。主婦起立開窓而入。則乃一傴僂丈夫也。遂抱主婦而挑之。將軍膽落。欲出不得。少焉丈夫與主婦並坐。食肉飲酒。丈夫脫帽則凜凜然一髡首也。將軍思有以制之。搜房中得長繩一把。僧與主婦同臥。將軍突出。以繩縛僧於柱。以棒亂打之。僧哀呼不已。將軍與主婦一敘歡。將軍云。欲行軍中新禮。汝能辦之乎。僧曰惟命。遂給新禮宴具。將軍往來婦家。婦亦愛將軍。經歲不替。

驪興府院君閔公。每朝退就隣家圍棋。一日公微服往隣家。翁不出。公獨坐樓上。有錄事以陪到宅。問公所在。門童荅曰。公出不知所向。錄事新屬人。亦不知公面。又往隣家。登樓脫靴。以脚掛戶。謂公曰叟何許人。公曰在隣家耳。錄事曰叟顏多皺何耶。無乃以線縫皮而縮之乎。公曰天生之質奈何。錄事曰叟知書乎。公曰但記姓名耳。傍有棋子。錄事曰叟知棋乎。公曰但知行馬耳。錄事曰然則試校一局可乎。遂與開棋相對。公擧棋呼曰那裏客耶。錄事亦呼曰謁府院君來耶。公曰我亦不爲府院君耶。錄事曰牝鷄未鳴矣。少焉主翁出跪曰。我不料令公久在此。待罪萬萬。錄事驚愕。携靴而遁之。公曰此雖新屬鄉人。意氣發越非碌碌者。自後厚待之。

我外舅安公。爲林川守時。普光寺僧有大禪師某者。頻來謁。可與話。相見甚熟。僧嘗娶村女爲妻。潛往來焉。一日僧死化爲虵。來入妻室。晝則入甕。夜則入妻懷。繞其腰以頭倚胷。尾間有疣肉。如陽莖。其繾綣宛如平昔。外舅聞之。令妻持虵瓮而來。至則外舅呼僧名。蛇出頭。外舅叱之曰。戀妻爲蛇。僧道果如是乎。蛇縮頭而入。外舅密令人作小函。令妻誘蛇云。使君贈汝新函以安其身。可速出來。遂以裙鋪函中。蛇出自瓮移臥函裏。健吏數人盖板釘之。蛇踊躍碾轉。欲出不得。又於銘旌書僧名前導。僧徒數十鳴鼓鉢誦經隨行。浮于江水而送之。妻竟無恙。

尹宰臣有女數人。百僚備儀衛迎詔。士女奔波觀光。尹女亦靚粉欲往。公呼前而諭之曰。汝之觀光甚善。然有一言。汝試聽之。昔有國王。樹八尺之木於庭。募能拔之者與千金。凡朝中士人有勇力者。咸不能拔。術士云。貞女則能拔之。於是聚城中婦女于庭。或望見而走。或捫撫而退。有一女自言有貞節。捫撫其木。能動而不能仆。女仰天而誓曰。平生節操天所知也。今既如此。不如死。因泣不自勝。術士云。雖無慝行。必有慕人之外貌而不忘者、女忽悟曰信哉。一日倚門而立。有一士。腰弓箭馳馬而過。細眼長眉。丰姿俊逸。因念曰彼士之配。眞有福履者也。此外無一毫之私。術士曰。此足以當之。女更虔心發誓。進而遂拔之。今汝若見俊逸之士。得無有寢席之念乎。女竟不得行。

有安生者。京華巨族也。雖名隸學宮。而棄肥衣輕。浪遊長安。嘗喪耦獨居。聞東城有美女。其家殷富。即當代大相之婢也。生以豐財納聘。而不能得。適生有疾。媒者以思疾恐動之。遂成婚。女年可十七八。姿色綽約。歡情兩洽。繾綣日深生年少美風儀。隣里慕之。其家亦喜得婿。晨夕必設厚饌。家財太半歸於安氏。諸婿妬之。往訴大相曰。翁得新婿以來。傾家破產。日漸貧窶。大相怒曰。不待予旨。遽納良婿。吾當痛懲以警後人。即伻狂奴數輩。往挈翁女。是時生與女方對食。惶劇不知所爲。相持痛哭。爪入兩手而已。一去之後。閉于深宮。重門高垣。內外阻隔。生無奈何。惟與女家。爭出錢布。厚賂宮中僕隷及守門之卒。乘夜踰垣相從爲買小店於宮側。以爲往來之所。一日女家送赤鞋一雙。女探弄不已。生戲曰。着此好物將樂他人乎。女變色曰。成說之言皎在目前。君何發言如是。即觧所佩刀。割盡一隻。又一日針縫白衫。生戲亦如之。女即掩泣曰。予非背君。君實弃我。以衫投於汚瀆。生心服其操。眷戀愈甚。自此暮去曉還。如是者累月。大相聞之大怒。嫁與件人之無妻者。女即欣然曰。事已至此。吾豈守節之人。嫁娵之具。親自爲備。盡招宮人。作盛饌饋之。人人皆意改嫁。而或疾其反覆無信。女於是夕。潛入他房。自縊而死。生未之知也。翌日生在本家。有小艾入云。娘子來矣。生倒屣出門。艾遽曰娘子死於昨夜。生笑而未知信。不問其故。至其店則堂中置床。表衾覆尸。生失聲痛哭。枕股擣胷。四隣聞之無不嗚咽。是時大雨水漲。人不通于城東家。生自備喪具殯之。朝夕設奠。夜則目不交睫。夜久假寐。女自外而入。彷彿平生之貌。生進欲與話。遽已睡覺。回望室中。窓牖寂然。風褰紙帳。孤燈明滅而已。生呼痛將絕復蘇。越三日雲散雨霽。生乘月向本家。獨行信步。至壽康宮東門。夜已二皷。有女靚粉高髻。或後或先。生追而視之。

罄欬歎息。一似前聞。生大呼而走。至一溝曲。女又坐其傍。生不顧而去至其家。女又坐門外。生大聲喚僕。女沒身于砧竇。寂無所見。生心神昏懞。若癡若狂。月餘以禮葬之。未幾生亦死。

都中有明通寺。盲人所會也。朔望一會。以讀經祝壽爲事。高者入堂。卑者守門。重門施戟。人不得入。有一書生。聳身直入。升樑棟間。盲擊小鍾。生引鍾紐舉之。盲揮梠打空。然後復下鍾焉。盲以手捫之。則鍾在如舊如是數四。盲曰。堂中小鍾。爲物所舉矣。衆盲環坐推占。一盲云。此物當爲蝙蝠附于壁間。於是皆起捫壁。竟無所獲。又一盲云。此物當爲夕鷄坐于樑上。於是爭以長竿薄于樑上。生不堪苦墜地。於是縛致書生。爭加捶楚。生匍匐而還。翌日得麻繩數引。隱寺厠間。有主盲方來踞厠。生遽以繩結陽根鉤之。盲大叫求救。羣盲爭來嘔祝曰。主師爲厠鬼所祟。或有呼隣救藥者。或有鳴鼓祈命者。

俳諧

昔有一盲居開城。性癡顚。好信奇恠。每逢年少。輒問有何異事。年少云。近有大異之事。東街地坼千仞。地底往來人歷歷可見。鷄鳴砧響歷歷可聽。余自其處來矣。盲曰果若汝言。大是奇事。兩目矇瞽縱不見物。庶從其旁一聞其聲。死亦無憾。隨年少而行。終日遍國中。迤邐而往。還至其家後岡。年少曰。此其處也。盲聞其家鷄鳴砧響。拍手笑曰。樂哉樂哉。年少推盲。盲墜于地。童僕問故。盲稽首撫掌曰。我是天上盲。又聞其妻笑聲曰。汝亦何時到此。

又有一盲。嘗從隣人求娶美女。一日隣人謂盲曰。吾隣有一女。穠纖適體。眞絕代色也。以君之言入之。欣然似應。但索財物太多耳。盲曰。若然則雖傾財破產。豈有吝嗇。瞰其妻亡。探胠囊篋。盡以財與之。遂成約會。至期盲盛服而往。妻亦改粉隨去。先入于室。盲再拜成禮。是夜與妻同寢。綢繆之態異常。撫妻背曰。今夕何夕。見此良人。若此飲食。汝是熊膰豹胎。吾家人藜羹糲飯耳。厚給財物。至曉妻先往其家。擁衾坐睡。見盲到門。問曰昨夜宿何處。盲曰讀經某相家。因夜冷得腹病。可調酒救藥。妻大叱之曰。多食熊膰豹胎藜羹糲飯。掌擾胸腑。雖欲無病得乎。盲無以應。知爲妻所賣。

京中又有盲。與一年少友善。年少一日來云。路逢小艾欲叙話。主人幸借別室。盲許之。年少遂與盲妻入別房爲繾綣歡。盲來巡窓外曰。何久何久。速去速去。家婦若來見之。大是異事。受譴必矣。少焉妻自外至曰。此間有何處客蹤。如憤怒之狀。盲曰卿聽我言。日午但東隣辛生來訪我耳。

孝寧大君酷信佛法。每設道場於山寺。終日虔誠頂禮。讓寧大君隨後至。率妾數人。臂鷹牽狗。積雉兎於階下。灸肉煖酒。酣飲大醉。升堂旁若無人。孝寧變色曰。兄今作此惡業。可不畏後生地獄。讓寧曰。能種善根者。九族生忉利天。況同氣乎。我生則爲國王兄。浪遊自恣。死則爲菩薩兄。必升天堂。安有墜地獄之理。

宗室豐山守。愚騃不辨菽麥。家養鵝鴨。而不知算計。惟以雙雙而數之。一日家僮烹食一鴨。宗室數至雙雙。而餘一隻。乃大怒杖僕曰。汝偸我鴨。必償他鴨。翌日僮又烹食一鴨。宗室數至雙雙。而無餘隻。乃大喜曰。刑罰不可無也。昨夕杖僕。而僕償納之矣。

青坡有沈柳兩生。皆豪富士族。日沉醉於粉黛間。一日親朋數人會飲沈家。沈有妾曰蝶戀花者。善歌舞。有盲人金卜山者。善彈伽耶琴。妙手一時無比。亦邀而致之。雅琴清唱。促膝相酬。情懷暢洽。至夜半。座有言者曰。宜談往事以解頤耳。皆曰諾。座客縱談笑噱。卜山曰吾亦話之。近者到一家。巨室子弟亦有名妓數人。飲罷各率妓就房。其中號心方者善歌。亦與某同宿也。沈曰此甚樂事。更言之。座客皆曰。宜促絃高唱以達曙。何必話也。妓亦輟歌。衆皆不悅而罷。出門柳謂卜山曰。主人妓名心方。爾何發狂言。不能見人之顏色。盲者眞不祥之物也。卜山失色曰。徒知官名而不知兒名故也。何靦面復見主人乎。隣里傳以爲笑。

世祖晚年違豫不能寐。多聚文士。講論經史。或引詼諧之人。以資談笑。崔灝元安孝禮俱知陰陽地利之術。各執己見。互相誹謗。性又强戾不相上下。一日孝禮曰。我國與日本國。土壤相連。灝元攘臂叱之曰。滄波萬里。渺渺莫極。何謂相連。孝禮曰。其所以載水者何物。水底有土。則豈不相連。灝元默然。兩人皆放誕。孝禮尤甚。又能涉獵佛書。若逢韻釋。與之抗論。多不能答。

吾隣有咸北間者。自東界出來。稍知吹笛。善談諧倡優之戲。每見人容止。輒效所爲。則眞贋莫辨。又能蹙口作笳角之聲。聲甚宏壯。倡徹數里。至如琵琶琴瑟之聲。鏗鏘發口咸中節奏。每入內庭。多受賞賜。又有大毛知者。善爲鵝鴨鷄雉之聲。聲若出口。隣雞皷翅而來。又耆之有奴曰佛萬者。善爲狗吠。嘗遊嶺東到一村。夜半發聲。隣犬皆集。

金東時女眞人也。少時隨其父出來。武藝絶倫。頗知經史。家在朔寧縣山谷間。日以畋獵爲事。嘗謂余言射鹿之事曰。當夏草茂之時。獐鹿凌晨出喫草。腹果入臥林藪。余率虞人數輩。尋蹤知所在。張網四面。又令一二人登山上。或歌或呼。爲畊田驅犢之狀。獸若聞之。則以爲尋常而不走出。屏氣而伏。余持滿而進。一箭而中之。不能中則退羅于網。百無一失。如草木黃落之後。潛立要蹊。俟其至而射之耳。言射熊之事曰。大抵熊勇敢多力。若見虎則以一手取大石。以一手搤虎項而壓之。又折樹枝而搏之。一搏之後。更折他樹枝。以故虎良久盡力去石。而復與之鬪。熊又能升大樹。蹲踞如人狀。以兩手攬枝柯。摘橡實而啖之。或遵澗搜小蠏。至冬則投岩穴。不食一物。只舐其掌而已。如十月有雷則不能投穴。惟以樹葉裹身而坐。余嘗夏草茂之時。見熊升樹。則盡脫衣服。而掛弓以入。隨熊背而坐。熊伸臂攀枝。遂持滿而射之。退臥草間。屏氣如死尸。熊被箭則狼狽而下。捫模四旁。雖及吾身。而亦不知不能害。少頃不堪其苦。如人哀號之聲。伏澗而死矣。言射虎之事曰。平生射虎無算。昔　世祖駐溫陽。有士族來告曰。年十六女子。昨夜在閨閤適窓開。惡獸攬之而去。仰冀聖德以伸冤抑。　世祖命將往捕。亦令余隨之。至婦家問其狀。到山半腹。有紫衫。半裂掛林杪。又至數步。見尸在澗旁。半遭啖矣。俄聞松間有咆哮之聲。顧見之則大虎耽耽而視。余不勝憤。躍馬而進。一箭而中之。退爲松枝所掛。馬躓而仆。虎來攬余臂而嚙之。與之相抗。虞人射而殪之。遂脫而免。去衣而視之。臂有所傷之痕矣。

奉石柱驍勇善射。其擊毬爲當時第一。以靖難功臣。至正二品封君。爲人貪婪酷暴。日以殖貨爲業。嘗請針工飲以酒。求針數十枚。分遣丘史於外方。人遺一針。各買一雞卵。還授其人。至秋徵大鷄。如有不順者。鞭笞侵督。無所不至。又遣人無數持鐵釘往水上。見人伐木狠籍於山谷間。潛以釘着木頭。及流下南江。則曰此皆吾木也。與木主相詰。畢竟則曰汝木有何標。吾木皆釘着其頭。視之果然。本主無以辨。因以奪之者無算。朝廷當夏頒冰於宰樞例也。無丘史。宰樞不得氷者亦多。石柱分往乞之。鬻於市而獲利。嘗爲全羅水使。率軍卒遍耕島嶼。種荏子綿花等物。及遞還。滿船而載。以故藏鏹巨萬。貯穀如國廩矣。朝廷以乱臣妻妾。給付功臣家爲奴婢。石柱求有姿色者爲妾。日夜縱飲不已。後以謀反伏誅。

於宇同者知承文朴先生之女也。其家殷富。女婉孌有姿色。然性蕩放不檢。爲宗室泰江守之妻。泰江不能制。嘗請工造銀器。工年少俊丰。女悅之。每値夫出。衣婢服坐工側。賛美造器之精。遂得私引入內室。日縱淫穢。伺其夫還則潛避。其夫審知事情。遂棄之。女由是恣行無所忌。其女僕亦有姿。每乘昏靚服。出引美色少年。納于女主房。又引他少年與之偕宿。日以爲常。或於花朝月夕不勝情欲。二人遍行都市。故爲人所摟。其家不知所之。到曉乃還。嘗借路旁家。指點往來人。僕曰某人年少。某人鼻大。可供女主。女亦曰某人吾敢之。某人可給汝。如是戲謔無虛日。女又與宗室方山守私通。守亦年少豪逸。解作詩。女愛之。邀至其家如夫婦。一日守到其家。適女春遊不還。惟紫袖衫掛屛上。遂作詩書之曰。玉漏丁東夜氣淸。白雲高捲月分明。間房寂謐餘香在。可寫如今夢裏情。其他朝官儒生年少之無賴。無不邀而播焉。朝廷知而鞫之。或栲或貶。流遠方者數十人。其不露而免者亦多。禁府啓其罪。命議宰樞。皆云於法不應死。合竄遠方。 上欲整風俗。竟置於刑。自獄而出。有女僕登車抱腰曰。女主勿失魂。若無此所事。安知復有大於此事者乎。聞者笑之。女雖穢行汚俗。而以良家女被極刑。道路有垂泣者。

金斯文嘗奉使嶺南。到慶州。州人進一妓。金携至佛國寺。妓年少未諳男子事。拒金甚力。夜半逃出。不知所之。羣下皆疑爲惡獸所攫。明日尋之。則徒跣還州矣。金悵悵不得意。至密陽見評事金季昷。告其情。評事曰。吾妓之弟。有名待重來者有姿色。性又幽閑。吾當爲君媒之。一日府使設宴于嶺南樓上。羣妓滿坐。而其中一人稍佳。問之則評事所媒也。金目不轉而心常注之。滿案珍羞。食不甘矣。主人及侍客皆獻酬。金遂起酢之。評事睞令其妓捧盃而進。金欣然啓齒。若有自得之色。是夜偕寢于望湖臺。自此情甚昵愛。造次不離。雖於白晝。閉戶垂帳。擁衾不起。主人欲侍飯來謁。而不得相見者累日。許事排窓而入。見兩人抱臥手足相交而已。無他言。惟曰吾怨汝矣。遍休書字皆相誓之語。雖巡列郡而心則常在此。一日與斯文尹淡叟。自金海還密陽。並轡而話。見長栍則必令卒往審里數之遠近。策鞭馳驅。猶恐不速也。忽見平郊縹緲。間有樓閣隱映之形。問諸卒曰此何處。卒云嶺南樓也。金不勝雀躍而笑。斯文占聯云野潤橫青嶂。樓高倚白雲。路傍長表在。應喜近關門。留十數日。主人慮其久滯。設餞宴於樓上而慰之。金不得已而行。與妓別於郊。爪入妓手。嗚咽而已。至一驛。夜深不寐。彷徨庭除。垂泣謂郵卒曰。吾寧死於此。不得還京。汝能使我再得邂逅。則死無所憾。卒憐而從之。金一夜馳數十里。平明到密陽。羞赧不得入府。以銀帶付郵卒。改着白衣。步穿籬落。有老嫗汲水井上。金問桐非家安在。

即待重來兒名也老嫗曰彼第吾家是也金曰汝知我乎嫗注視良久曰我知之矣子無乃去秋防納叟乎解金囊付嫗曰我非防納叟乃敬差官也試爲我往言之嫗曰桐非方與本夫朴生偕臥不可往矣金曰我雖不得見面得聞音信足矣汝能往道余意則當厚報之嫗到家言之妓搔首曰寃哉何至如是朴生曰我非不知辱彼彼則先生而我乃儒生不可以後進而辱長者我謹避之遂遁焉金入妓家官司知之潛送饌米留數日妓父母惡而黜之兩人入竹林間相持號哭隣里聞其聲者爭持酒而饋之欲率妓而行只有三馬一馬則自騎一馬則載寢籠一則伴人遂奪伴人馬令妓帶弓箭而騎伴人隨後步靴重不能行以繩貫靴掛於馬項還至驛郵卒取帽家擲諸砌曰予閱人多矣未見如此貪着者也還京數月室人沒金載柩往葬中牟將向密陽至楡川驛作詩云香風吹入嶺頭梅芳信如今

苦未回。月白凝川二十里。玉人何處待重來。時監司金相國方愛妓。聞金之至。遂與之。金携至京師。因拜承旨。官崇祿厚。妓生二子。競爲室婦。

尹斯文統。詼諧善話。常以誑人爲事。家在嶺南。每巡州郡。至一邑。與妓在房。有一吏往來屢目妓不止。先生知其有異志。夜半假寐而鼾。妓以爲熟睡。挺身而出。先生亦潛隨之。吏適到窓外。携妓手而行。妓曰。月色如水。房無一人。可宜舞也。對立婆娑。先生又見一吏臥睡簷下。遂取所遺麥笠。冒頭而往。舞於其側。吏曰兩人爲歡。汝是何人。先生曰。我是東上房賓也。見兩公舞袖。不勝健羨。來助歡耳。吏惶恐謝罪先生曰汝管官中何物。吏曰以工房主皮物耳。先生曰有皮幾張。吏曰鹿皮七張。狐狸皮數十張矣。先生曰我見官司求皮物。汝不隱其數而盡出之。不然則悉陳此事。吏唯而退。明日與主官坐廳曰。欲造靴無鹿皮。欲造裘無狐狸皮。願索之。主官曰君何從聞之。雖有之而數小矣。命吏出之。吏盡出陳之。先生盡取而還。嘗到一州在客館。有妓白衣徘徊往來者。頗有姿色。問之則喪厥母也。先生覓紙一卷。斜挾衣籠。置諸窓外。遂閉窓而坐。伺見妓到。乃曰巡歷州郡。未得佳物惟得紙一籠。馬困擔重。何以持歸。奴知其志。潛謂伴曰。吾君愛妓。得物必遺之。又欲遺此紙於何人。妓方治喪。聞其言而甚欲之。乘夜投入房中。留不去。先生初以誑言誘之。實無所與之物。遂大叫曰。喪婦入我房矣。妓慙而遁。先生嘗與叔往來京師。其叔馬黑而白顙。先生馬純黑。叔每夜繫縛先生馬於柱。獨食養其馬。先生知其故。遂貼白紙於黑馬顙。以黑紙貼白顙。昏夜莫辨眞僞。叔反縛其馬於柱。獨養飼先生馬。叔馬瘦頓不振。然後始知爲所賣。先生患無家。結僧之善緣化者。相交甚熟乃曰。吾欲創一寺社。以措惡業。僧欣然從之曰。君是前世菩薩。

故發此誓願耳。先生曰鷄林有古社基。倚山枕水眞勝界。可創伽藍。遂書勸文與之。僧盡心辦物。先生亦助力。遂具材木。開基建宇。其規模稍變社寺之制。多温房煖突。又塈門前荒地。爲種蔬之圃。丹雘既畢。佛像既施。僧設慶讃法筵以落之。先生曰吾家婦欲來拜佛。僧許之。先生與其婦。率其家眷僮僕來駐寺。稱病留數日。盡徙貨物而居之。僧徒不得入。訟諸官。官亦淹延不聽。竟爲先生之家。家無疾疫。年八十而終。

大抵宴品鋪張。可於初學案時觀之。故凡事之鋪張者。謂之學案。有睦生者。初入忠順衛。一日其徒聚射。睦生後至。衣服鮮楚所持弓矢皆精妙。左右皆曰睦入。吾耦。爭之不已。及升塲而進弓未開矢墜于前。終日射之不及候。人皆絕倒曰睦書房學案至今浮誇而無實者。稱之睦書房學案。

慵齋叢話卷之五終

慵齋叢話卷之六

高麗宰臣池　　陪。經營產業。每於正朝寒食。分遣人。往取墓間紙錢。還作紙。又取遺棄草履。埋地而種冬瓜。瓜甚美。獲利無筭。又餞賓友於都門外。人皆持酒饌而羅列之。池獨無所持。惟藏小盃於袖間。及獻酬之際。遂以盃受他人酒進之。退伏饌前曰。薄物不堪餐矣。又嘗食人之齋。持一斗米。率奴十人。上寺飽飯而還。每至半途。徵奴匙人一箇。有一奴。趦趄不敢出。池問其故。奴謝罪曰。奴未得匙惟鉢耳。池笑曰。皿正吾所欲者也。

韓奉連本虞人也。以善射遇知於　世祖。其弓力甚弱。然見猛虎則必步入。引滿而中之。一箭必殪。平生所獲。不可勝數。嘗於內庭儺會。優人蒙虎皮前走。命奉連爲射虎之狀。奉連持小弧蓬矢。騰躍而進。誤側足墜階而折臂。人皆曰。能勇於眞虎。而刼於假虎也。永順君第宴。朝廷文士盡赴之。　世祖命奉連齋宣醞而往。座中皆曰。汝雖賤士。御命而至。即天使也。延之上座。紅粧翠黛滿四座。歌吹沸天。奉連羞澁。一無所語。但俯首而已。人爭勸酒。乃大醉踞胡床。攘臂瞋目。爲射虎狀。呼呶不已。左右無不絕倒。

俳諧

泮宮雖云禮法之場。儒生多名家子弟。豪宕不受駕馭。同知事洪敬孫。林守謙。皆年老乘白馬。有儒生作詩云。有客有客。亦白其馬。白馬之白。無以異於白人之白。其後有儒生作詩云。誰云太學是賢關。陳腐庸流尸厥官。洪同已逝林同在。李學纔歸趙學還。言敬孫已死而守謙尙在。學官李丙奎已遞而趙元卿再爲學官也。竆妹不恤顏何厚。將父未遑行亦殘。言同知俞鎭其妹失所而不收恤。又有直講者。老父在鄉而不往謁也。鶩梁宋籍何須數。衣綠方盛不足觀。言典籍宋元昌司成方綱。皆有妾而不顧妻也。朝廷鞠之。事連三館及諸生係獄數十人。或有受栲掠者。竟不得情。皆放之。

俳諧

有斯文安權兩士。將向忠州。安則借青玉纓於盧家。權則借紫芝帶於朴家。安之別名曰鳶鷲。權之別名曰奉時官。權每撚鬚髯不已。至忠州。安愛妓竹間梅。權愛妓月下逢。巡遊四郡歷數旬。相別於獺川畔。相持痛哭。有斯文琴生在側。亦流涕嗚咽。至今人謂所坐石。曰校理石。斯文柳公作詩云。並轡聯鑣發華山。蕊城東指路漫漫。紫芝朴帶圍腰細。青玉盧纓照臉寒。張翅竹間臨渴鷲。撚鬚月下奉時官。數旬雲雨供人笑。四郡風流絕勝觀。船上兩郎揮淚別。陌頭雙妓放歌還。堪笑琴公何許客。蘧篨同作別離難。

姜仁齋爲人肥澤。好食猪肉。美衣服。性懦不製月課詩文。成謹甫作詩戲之曰。猪肉猩嗜酒。月課狐避箭。去頑空媚衣。景恒徒

俳諧

飽飯。士人朴去頑家富好媚衣服。僧景恒多喫飯。二人肥澤。與姜相似者也。

洪同知敬孫少時在泮宮。作發願詩曰。亭書琹射少仁堅。舟目炯顏烏次綿。登科每似鄭獜趾。未續下句。李中樞季專時在側曰。吾名協韻。君可續之。洪遂續云。傷食毋如李季專。左右絕倒。詩意盖謂李石亨善書。曹琹善射。李仁堅年少。李文炯美容。申高靈美目。孫次綿陰強。鄭河東再爲壯元及第。而李中樞有食傷病也。

有儒生金允良者。禀性齟齬。容貌寢陋。衣服麁弊。朝夕專仰泮宮之食。金福昌作賛曰。食毋進止。每搖頭而　除飯。顧左右而言他。曰講月講。粗不相連。跳躍於桃枝之上。疑義詩賦。更次未免。奔走於槐庭之下。允良稍知卜筮。推占福昌之命曰。必夭死。福昌大怒。以熾炭納諸口中而去。

昔有處女居室者。人之媒者衆。或云能文章。或云能射御。或云有池下良田數十頃。或云陽道壯盛。能掛石囊而揮之踰首。女作詩以示其意曰。文章潤發多勞苦。射御材能戰死亡。池下有田逢水損。石囊踰首我心當。

全穆愛忠州妓金蘭。穆將向京城。戒蘭曰。愼勿輕許人。蘭曰。月嶽有崩而我心不變。後蘭愛斷月驛丞。穆作詩送之曰。聞汝便憐斷月丞。夜深常向驛奔騰。何時手執三稜杖。歸問心期月嶽崩。蘭和而答之曰。北有全君南有丞。妾心無定似雲騰。若將盟誓山如變。月嶽于今幾度崩。皆梁斯文汝恭所作也。

有一經師妻。値其夫出。邀鄰人入室。方與講歡之際。其夫適至。妻計無所出。兩手持裳遮夫眼。踊躍而前曰。從何處來。徑師乎夫意謂妻之弄己。亦踊躍而進曰。從北宅宰臣送葬而來。妻以裳裹其夫頭而臥。隣人遂遁去。

洛山寺僧海超。出入吾門已久。一日來求供佛之具。有本在房曰。高架棟宇。塗以丹雘。塑泥木爲像。晝夜虔誠而飼之。有何利益。僧即應聲答曰。高架棟宇。塗以丹雘。斲栗木爲主。四仲之月。虔誠而飼之。有何利益。有本不能對。

妓

安參判超。嘗爲全羅道觀察使。行至羅州。與巡察使金相國相會。濟州牧使送青橘一籠。安公見其色青而皮皺。以爲不用之物。乃曰。牧使何勞遠路送未熟小柑乎。分給堂妓。一妓持歸巡察使房。巡察使問從何得。妓以實告之。巡察使索取餘未分者。對安公而食之曰。監司雖厭棄之。我則偏好此物。於是安公取嘗一箇。始知其味。

水原妓以拒客被箠者。謂諸輩曰。於宇同以喜淫而獲罪。我則以不淫而獲罪。朝廷之法。何如是不同乎。聞者以爲確論。

金福昌性疎宕。不營產業。每借屋而居之。宋礪城曰不小宰相。

何以人之家爲我家。福昌應聲答曰。不小宰相。何以人之子爲我子。蓋譏宋之無子而以侄立後也。

我伯氏三度爲黃州宣慰使。與安岳妓相別於龍泉舘前潭水上。其後又與州妓相別於潭水上。任西河亦以平壤宣慰使。率妓來別於此。時有人戲作詞曰。川鳴咽而如泣兮。旭朝暾之淒凉。因名潭曰鳴咽灘。徐相國剛中作詩戲之曰。皇恐灘前皇恐意。喜懽山下喜懽情。如何鳴咽龍泉水。却似情人哭別聲。黃州舘裡花滿開。前度劉郎三度來。鳴咽灘聲何日歇。朝朝送別哭如雷。盧相國胖子詩曰。此灘元解廣長舌。愁殺當年送別聲。自是人心迷悟異。流溪那有兩般聲。樓下淸江鏡面開。龍應抱寶每歸來。故知無限相思淚。漲起前灘流似雷。申相國泛翁詩曰。古舘蕭條寂寞濱。情人一別隔音塵。郞君寓恨眞無處。門外灘流笑殺人。美酒名花不用錢。淸歌胡舞醉樽前。逢人不免多情惱。一念當時已惘然。板上諸公摠妙齡。清詩滿眼慰多情。箇中旅况應同調。萬物無聲隔有聲。人生有口幾多開。悲樂循環相逐來。生別新知從古事。諸公於此墮同雷。姜晋山景醇詩曰。訪到龍泉灘水濱。看題一一訪清塵。凄涼旭日川鳴咽。滿目無非惱殺人。去年楡葉始成錢。看君落拓名花前。今日我來且寂寞。作詩送我應茫然。山陽笛感懷人意。斜谷鈴悲愴悵情。今古情灘應不變。爲誰翻作別般聲。碧水溶溶一鑑開。到灘聲作佩環來。自從枉入愁人耳。錯認悲嗚殷似雷。任西河子深詩曰。仙子鳴鐺下洛濱。凌波羅襪不生塵。瞥然辭去還乘霧。却恨悠悠夢裡人。地久天長無盡恨。山青水綠摠傷情。舊時嗚咽灘前水。流到灘前不作聲。人生樂處好懷開。故向青樓去又來。老子於中興不淺。逢時瓦釜亦鳴雷。伯氏答之曰。瀟灑高樓近水濱。風恬鏡面自無塵。丁寧爲向郵亭吏。幾見西來惜別人。一笑須知直萬錢。可堪分手畫樓前。此生會有相逢日。破鏡重圓更粲然。死灰索爾無生意。人苟無恩不近情。嗚咽灘頭心緖亂。豈容輕聽斷腸聲。諸公笑口莫輕開。報答恩讐一往來。浿水龍灣同怨別。有灘何處不成雷。蓋譏姜爲義州宣慰使。任爲平壤宣慰使。皆留情於關西也。曹大虛詩曰。十里江山寂寞濱。小樓淸絶不踏塵。樓前濺濺寒流水。正似當年嗚咽人。珠翠粧成費萬錢。東風脉脉小欄前。年年慣送郞君去。淚灑灘頭恨黯然。凄涼旭日明高樓。可耐東風別後情。自是人心隨處異。灘聲偏作斷腸聲。眉峰鎖恨不能開。緩緩雙彎襯地來。却怕離魂易觸撥。不須灘上聽奔雷

昔有儒生三人。將赴試塲。一夢鏡墮于地。一夢艾夫懸于門上。一夢風吹花落。俱詣占夢者之家。占夢者不在。而其子獨在。三人就問之。其子占云。三者皆不祥之物。未諧所願。俄而占夢者

至吡其子。而作詩與之曰。艾夫人所望。鏡落豈無聲。花落應有實。三子共成名。三人果皆登第。

懶翁住檜巖寺。士女奔波。有儒生三人相謂曰。彼髡有何幻術。而使人驚駭如此。吾輩往見壓之。遂到方丈。翁踞榻而坐。容貌雄偉。眼波明瑩。望之儼然。忽大聲唱云。三人同行。必有一智。智不到處。道將一句來。三人魄遁頂禮而還。

釋混修號幻庵。早喪厥考。年甫十三。隨叔鴿獵于郊。有一鹿前走。若有顧待者。俄而一鹿兒追至。因感慨曰。獸之念兒。與人何別。即念考休獵。祝髮爲釋。習竺墳。名聲藉甚。儕流莫敢拚而倫之。往金剛山。食木衣麻。脇不霑席。若將終身焉。念慈母倚門之望。遂還作偈云。寄語巖前松栢樹。重來與爾終天年。後師事息影庵。習楞伽經。衆皆粗得其皮。師獨深味骨髓。玄陵建道場於廣明寺。以懶翁主之。一時衲子無有升堂者。上有不豫色。薄暮將罷。塲師後至。 上喜甚迓之。師立門外。懶翁問如何是當門句。師曰不落左右中中而立。問如何是入門句。師即入門曰。入已還同未入時。問如何是門內句。曰內外本空中云何立。問山何嶽邊止。曰逢高即下遇下即止。問水何到成渠。曰大海潛流到處成渠。問飯何白米造。曰如蒸沙石豈成嘉餐。深肯之辛禑遂以爲國師。師聞之不懌然。作偈云。三十年來不入塵。水邊林下養情眞。誰將擾擾人間事。係縛逍遙自在身。一日在青龍寺。有疾喚門人囑後事曰。吾行在晚。至晚倚墻作偈曰。任運騰騰度一生。病中消息更惺惺。無人識得吾歸處。窓外白雲橫翠屏。儼然而逝。師嘗請尹評畵山水十二幅。又請尹紹宗作詩。紹宗擧目而覩。走筆成之。紹宗出。師謂門人曰。此詩雖好難上於屛。不如邀牧老耳。遂邀牧隱到房。張屛坐其中。良久沉吟。先書題目曰。此黃鶴樓也。此滕王閣也。一一名之。然後搦筆成詩。詩思入神。遂手書屏上而去。師曰此眞老手也。嘗寶玩之。後爲廣平府院君李。仁任所得。余少時至儒生歌謠聽見此畫。筆蹤跡宕而遒勁。即牧隱手筆也。

釋屯兩者。幻庵之高弟。自幼力學。內外經典。無不探討。精究其意。又能於詩。詩思淸絕。與牧隱陶隱諸先生相酬唱。我朝不崇釋教。名家子弟不得祝髮。以故緇徒無知書者。而師名益著。四面學者如雲。集賢之士皆就問榻下。蔚爲儒釋士林之表。人皆敬之。我伯仲氏嘗讀書于檜巖寺。見師年九十餘。容貞淸癯。氣體尚强。或併日不食。不甚饑餒。人若饋之飯。則或喫盡數鉢。亦無飽意。雖至數日。未嘗如厠。恒兀坐虛室。懸玉燈張淸几。徹夜看書。絲毫細字。一一硏究。未嘗交睫偃臥。辟人不許在傍。若有所召則手擊小錚。門下隨而應之。未得高聲大喚也。日本國使僧文溪求詩。縉紳作者數十人。師亦承命賦詩。詩曰水國古精灑然無位人。火馳應自息。柴立更誰親。楓岳雲生屨。盆城月滿閩風帆海天濶。梅柳故園春。時春亭主文。改洒然無位之句。爲蕭然絶世人。師曰卞公眞不知詩者。蕭然豈如洒然。絶世豈如無位。是斲喪自然無爲之趣耳。每見文士。悵悵不已。今有千峯集。行於世。

國初有僧長遠心者。身雖長。行於道中。則魁然出衆。能以手捫長廊椽題。其爲人滑稽。無私無欲。居無常處。行不出境。夜則或倚墻底達曙。病則臥市中。市人爭來饋之。公侯宰樞家。挈榼贈食者亦無算。國有水旱妖災。則聚弟子精勤祈禱。或有所應。受千金不以爲喜。失百物不以爲慍。人與之則不揀男女衣服。皆被於體。人或丐之則盡脫而遺之。有衣則掩形。無衣則赤裸。或編草爲服而不耻。或衣錦而不以爲榮。受人贈物者雖無限。施遺於人者亦無數。見公卿不必敬。覩愚婦亦與話。見死尸則負而埋之。一日見尸於壑。痛哭盡哀。起而負之。尸付背脊。三日不解。其門徒祈佛獲免。自後終不負尸。嘗謂其徒曰。我欲燒骨化身。其徒積柴爲臺。遠心踞坐其上。見火光漸迫不勝其苦。潛隨烟燼而遁。還至方丈。其徒意師已滅。相泣而返。見遠心儼然坐禪室。拜問其故。遠心曰。我從西天來。四大雖已化去。法身常住不滅。遂抵掌大笑。

有僧容體矮小。一足微蹩。每居長安。日日周遍城中。朱門貴宅。無不歷到。常拍手作鷄鼓翼狀。蹙口作聲。或雄鷄長嗥。或兩鷄相鬪。或雌鷄遺卵。千聲萬態。無不吻合。或有村鷄應鳴者。又作歌搖身而唱曰。此生此生。一間第屋心可樂。此生此生。懸鶉百結亦不惡。閻羅使者若來迓。雖欲住世那可得。又曰。觀音帝釋。帝釋觀音。此身若淪化。全墮地獄間。其歌多類此。曲節似農歌。兒曹隨行。千百爲羣。僧常曰。吾丘率之多。雖三公不能及也。一日所得。多至擔石。以是衣食之。時人號曰雞僧。

有僧信修者。生長坡州吾鄉曲。結草廬于洛水南。性放蕩詼諧。口出一言。人無不絕倒。又無吝財愛物之色。盡以家產田地分給諸侄。未嘗犁鉏畊種。而夏月常食白飯。僧又年老。顏如假面。搖頭轉目。作十六羅漢像。一一異狀。又見人擧止。輒效其形。雖達官素不相識者。一見如舊。呼名相爾汝。寺傍老翁有年少妻。僧與之相通。翁家貧欲賴僧庇。率妻來寓寺中。僧亦愛翁。多給衣食。三人同被共宿。不相忌妬。生一子一女。僧曰翁之子。翁亦曰和尙子。僧在寺則翁刈薪理蔬。僧若行則翁負物爲僕。居數年妻死。猶隨僧居。義若昆弟。翁死僧負而葬之。僧善飮酒。千鍾百榼如鯨吸川。人或誑饋他物。至如牛溲泥水。一飮快倒曰此酒甚苦。又善食。雖乾餱硬餠。畧無所辭。頃刻食盡。乃於衆會中。公然大嚼魚肉。人有笑之者。答曰此是土也。非我所殺。食亦何

奇談格言

妨。庚寅年間。余以喪居坡州。僧常往來。年過七十。氣猶矍鑠。或問何故對妻啖肉。僧曰。今世之人。妄起私念。利慾相攘。或心藏暴惡。或未脫煩惱。彼名出家者。亦皆如是。聞肉薰臭。强取饞涎。見人艷美。强操淫心。我則異於是。聞馨即飡。見色即取。如水沛然。如土委塹。與物無心。毫私盡滅。我於來世。若不成如來。必證羅漢矣。世人吝惜財物。猶務畜儲。此身一化。即付他人。不若生前好飲食行樂耳。凡爲人子。事厥考。須作大餅。清蜜一升。漉酒切肉。朝夕饋之。死後以乾物乾果殘盃冷炙。泣奠柩前。其有食者乎。汝雖未及以此事親。庶令汝子以此事汝可也。有時奠食於前。振鈴誦經。自唱魂曰。信修信修。往生淨土。生雖狂悖。死當眞實。即出聲大哭。聲甚悽壯。仍復拍手大笑。掛布囊遁去。不曾告主人別。

朴亘卿以弘文典籍。兼帶御史。往檢湖南場屋出。高臥南陽詩試士。回至水原府。吏不出迎。巨卿就東軒大怒。呼吏將罪之。俄聞外閭閻。件從相對。欲訝問之。則乃京來政批草也。而拜南陽府使矣。巨卿失色而臥。時人以爲詩讖所致。

世宗新設宗學。聚宗族讀書。順平君年過四十。不識一字。始讀孝經。而學官教開宗明義章第一七字。君尙不能讀。乃曰僕今老鈍。只受開宗二字足矣。遂於馬上讀之。不輟。又謂僕從曰。汝亦不忘開宗以備吾窘。臨死聚妻子。呼訣曰。死生至大。豈不關心。但永離宗學。是大快也。

吾隣有朴姓儒。爲柳家婿郞而寓居焉。常愛二婢。而人不知。乘夜投入婢房。家中小厮見之。疑是穿窬之盜。報曰賊入某房矣。翁大怒而出。四隣見之。爭持弓杖。須臾雲集。郞來推門戶。則外面下鎖。以足叩壁。則牢不可破。欲出不得。手足盡傷。流汗被體。因窓隙見。火光中有鄰人素所知者立外。郞潛呼哀救。衆鬧不得聞。俄辨其聲。知其爲郞。乃曰。賊非大盜。不必捉拏。於是翁笑而入。隣里亦散。郞大慙。數月不出門閾。

有士人鄭某喪耦。聞南原有富家寡婦。欲以爲後配。擇日定媒鄭先到府備禮物。寡婦送女僕覘其擧止。女僕還報曰。鬚髯長鬱。且被毛帽。眞老病者也。寡婦曰。余欲得年少壯夫以娛暮境。奚用此老物爲。府之官吏。多張炬燭。圍擁而往。則寡婦閉門不納。鄭不得入而還。又有樂官鄭某。晩年亦喪耦。媒富家女爲妾。其日往富家。則張畫屛。滿堂鋪紫毯。堂中施錦褥。鄭就坐自以爲得計。女窺而見之曰。非七十過六十也。悽惋有不豫之色。乘夜驅迫而入。女叱鄭曰。何處老物。來入我室。非徒容貌無福。語聲亦無福。夜半排窓而出。不知所之。有儒生戲作詩曰。紛紛浴啄幾騰讙。二鄭風流是一般。欲作好緣還作惡。早知如此不如鰥。

崔斯文勢遠。詼諧俊辯。常畜一鷹。不善捕雉。晨夕殺雞飼之。鷹因飽颺。飛入雲霄。勢遠呼之不得。叫隣人曰。見之見之。雞賊去矣。其弟滃亦善談。常得消渴疾。好飲五味子湯。因此齒牙盡落。而精神不衰。晚年欲得一郡。隣友曰無齒如何。滃曰使我破松榛子則不能。朝廷以齒治郡乎。人皆絕倒。

世祖設內經廳。聚朝士寫經。伯氏與洪益城姜仁齋鄭東萊趙稚圭李期叟輩。常在宮禁。不得出外浪遊。伯氏戲作詩曰。手執毛錐子。辛勤過一春。濛濛花影裡。爛醉是何人。

畫史洪天起女子。顏色一時無雙。適以事詣憲府推鞫。徐達城少時隨羣少射的聚飲。亦被拿去。達城坐洪女傍。屬目不暫轉。時南相公智爲大憲。乃曰。儒生何有罪。其速放之。達城出謂儕輩曰。是何公事之忽遽乎。公事當訊犯人之言。又受考辭。分辨曲直。當徐徐爲之。何勿遽如是。蓋恨不久在洪女之側也。儕輩聞之齒冷。

吾友孫永叔爲儒時。結隊十餘人。巡歷寺社。以棒僧取物爲戲。事覺。俱下詔獄推之。是時法禁不嚴。朝士皆得入見。晨夕酒饌叢集。永叔曰。營口腹莫如此地。若放還家。將食何物。人皆笑之。其後爲大諫。入侍經帷。適論刑獄之弊。永叔啓曰。少時在獄見之。獄非拘囚困苦之所。反是榮華之地。　傳曰。古人云畫地爲獄。議不入。獄雖云美。人豈以爲榮華。左右皆愕然。永叔眞率無他。故不覺言之失也。

李次公善爲戲語。雖造次必爲之。佐郞辛鍵選爲儒將。騎射於御前。發矢誤中其足。血濺靴底。次公曰。一等才也。吾發誤中矣。俗謂足爲發。騎射以五發五中以上也。英陵莎土浮落。金殷卿時爲禮曹參判。與領議政諸宰樞。往驪州奉理。回時殷卿拜刑曹判書。宰樞於舟中設酌慰之。殷卿適有痢氣。因急洩矢滿席。

次公聞之曰。此秦穆公成覇之時也。人問其故。次公曰。濟河焚舟也。焚與糞韵叶也。有一官坐香室。象戲馬將二子闕。以檀香片爲馬。以沙器破片爲將。彼馬適入此家將。將就棒之。次公見之曰。此典獄沙將。捉賊入鄉君也。語多類此。

生員崔倬性高亢。不隨人俯仰。嘗爲太學生。志在三公六卿之間。一日自學宮。步還其家。路逢吏曹正郞李徽。謂之曰。汝爲銓部郞。官雖甚華要。我於今日舘中。亦爲吏曹判書。其所遇不同。而紙上虛名則一也。生員李時蕃嘗曰。少時妄懷高志。學易於金鈎先生。深得易理。自意胷中粲然。人無及我也。一日出崇禮門。坡平君尹巖爲義禁府提調。皂衣雙雙前導。丘率擁後而來。心中自念。彼雖榮顯。豈知易理。視之不啻如蟣蠓也。其後徽被誅。巖早逝。而倬與時蕃皆年老終。而世間乘除之事不虛也。

孫永叔爲吏曹正郞。奉使湖南鞠獄。愛羅妓紫雲兒。兒生長京師。屬梨園第一部。被罪謫于州。永叔迂儒。紫雲名妓。雖怕官威侍房。而常不慊於心。一日儒生持所製詩文。來取品題。妓問曰何以辨別優劣。永叔曰最妙者爲上上上中上下。其次爲二上二中二下。又其次爲三上三中三下其不入品者爲次上次中次下。最劣者爲更之更。未幾永叔竣事還京。趙稚圭爲全州府尹到羅。亦愛紫雲。枕屏團欒間問曰。汝閱人多矣。如我者居何等。妓曰令公纔入三下耳。趙問何從得此話法。妓曰孫永叔教我矣。趙復問永叔是何等人。妓曰眞更之更也。惟郡守鄭文昌優入二等。盧希亮作詩戲之曰。湖南奉使孰荒唐。吏部郎中絲北良。三載風流人膾炙。不知時有鄭文昌。盖用唐詩擬倣也。丙申重試。永叔之策。初居魁。兼善爲試官。伻書賀之曰。君今射策一之一。非復疇昔更之更。其後　上將幸學宮。行尊師之禮。永叔爲禮房承旨。路逢者之。憂形於色。耆之曰。子何不豫之甚。永叔曰。永山好佛。河東亦有議之者。如此盛事。日期已迫。至今未備更老。是以憂之。耆之曰。 上與大臣議定。非子私憂。如不得已。則擇之何難。永叔改容問其人。耆之曰。坡州府院君家前所居僉正李三更。是三老也。足下被紫雲之評。已爲二更。若又被評於三人。則爲五更也。聞者絕倒。絲北良者。永叔少時赴生員試。及榜出則亂書姓名。永叔怖刼色沮曰。榜無吾名。其友指示曰。彼第某行者是子名也。永叔曰。彼非孫比長。乃絲北良也。至今聞者齒冷。

魚咸從少時膂力絕人。與其弟牙城。聚徒橫行里閭。日以攘雞手搏爲事。如廣川廣原淸陵賢甫等皆名儒。畏威莫敢支吾。嘗在館。凡有所需必侵責。旣食乃已。館房寒冷。令輩先張褥席。以次暖被。然後赤身放之遂寢。必見一人瘡疥滿身。魚令一人剝瘡皮。以餠裹而使食之。剝者號痛。而食者嘔噦。魚便拍手大笑。

諸輩相與議曰。彼恃力侵我。我被提曳。何以堪苦。不如出其不意以謀而制之。一日魚來踞窓泉。一人自後握髮而揮之。諸人各執手足而仆之。魚奮身而起。諸人皆散落逃走。廣原被執。廣川隱柱間曰。吾弟必死矣。魚多般困辱之。令食土則食土。呼姊夫則呼姊夫。又令呼爺。廣川聞之遙謂曰。少須耐苦。愼勿呼爺。丙子春闈已近。魚與五人在館房讀書。俞上舍造睡覺曰。夜夢半吉半凶。魚問其故。俞曰。有五虵從房中昇天而飛。一虵半空而墮。魚曰吾輩所以做業不懈者五人。皆欲大捷。汝何發不祥之語。汝宜大呼曰。落地者我也。俞遂呼之。魚曰何泛稱我。俞呼曰。落者造也。明年四人擢第。其後皆爲大臣。勛績兼著。而俞獨晚年艱苦。占名官亦不進。

卞斯文九祥文學有餘。而吏幹不足。常爲漢城叅軍。案牘雲委。訟訴坌集。甲訴則曰汝言是也。乙訴則曰汝言是也。訖無可否。

朝廷聞而改之。時人以世之不分是非者。謂之卞九祥公事。又有趙斯文伯珪。多年爲儒學教授。一日拜獻納。斯文大喜。呼弟子金曰。賀孫氏。此眞政事也。未幾還爲教授。斯文又呼金曰。賀孫氏。此豈政事乎。士林傳笑。

有朝士辛姓者。性浮誕。常欲誇其富。取米一掬。散于門外。邀客而入。俯地叱僕曰。何暴殄天物。昨昨忠淸人輸米二百斛。昨日全羅人輸米三百斛。故如此狼戾耳。又欲誇姬妾之美。常以脂粉洒塗房壁。邀客入叱僕。何汚窓壁。昨夜某妓來宿此房。此曉粧時頮盥所爲也。又以片縠付奴。値客坐堂。奴跪庭下曰。某姬段鞋繡文。用花兒乎用雲兒乎。士曰可用大雲兒矣。此皆一時名妓也。又欲誇交友。預書權勢宰樞名緘付奴。値客來坐。奴持緘投呈。士置諸側。故久不視。客就見之。乃盧相之名。客驚欲走。士止之曰。此吾至交也勿動。俄而奴言過去。士笑曰吾久不見此漢。今欲見之。何匆遽而去。人有知者。皆笑其嗤鄙也。

俳諧 辛宰樞性急。有蠅亂聚飯鉢。驅去復集。宰樞大怒。投鉢於地。夫人曰。微虫無知。何至悖怒。宰樞瞪目叱之曰。蠅是汝夫乎。何爲相庇。

成俔 眞逸先生甞與徐后山同入鑾坡。后山爲王妃侄屬。有文名。世祖將大擢用。恩寵無比。先生退朝。忽謂伯氏曰。后山將不得其死矣。伯氏驚愕問其故。先生曰。爲人强狠好盡言。其能免乎。未幾被戮。人皆服其有先見之明。

慵齋叢話卷之六終

慵齋叢話卷之七

制科

前朝科舉試官。只有知貢舉同知貢舉二人而已。預以文臣有名望者爲之。恩門視門生如子弟。門生視恩門如父母。贄郞不許入內室。而門生則特許相見。所以重也。一榜聚宴恩門之第。則捧觴獻壽。如親子弟。或留宿焉。安文成公家豪富。新恩三十人。皆給貂毛衾。亦各設萬縷銀盞。余之外家安氏。故得傳聞之也。國朝雖罷知貢舉之制。然猶有門主座主之名。或設酌看訪。死則或於其家。或於祖道。皆設奠祭之。今者門生座主。視如胡越。反相擠擊。此亦可以觀世變也。　太宗少時習舉子業。於辛禑壬戌年擢進士第二名。又於翌年癸亥擢文科。金漢老爲壯元。沈孝生居二。　太宗居十。李來成傳尹珪尹思修朴習玄孟仁皆同榜也。及登寶位。漢老之女爲世子禔之夫人。每於進退之際。常呼壯元而不名。

太宗嘗作扇詩曰。風揚依時思朗月。月軒吟處想清風。自從削竹成團扇。朗月清風在掌中。以文士而成大業者。古所未有。帝王文章亦未有如此之奇巧者。其引物譬喩。涵畜意趣。非聖人不能也。

襄陽南數里。有石立路旁。諺傳。昔一按廉酷愛州妓。臨遞別妓。作詩題于石曰。汝石何時石。吾人今世人。不知離別苦。獨立幾經春。或云咸傳霖所作。

讓寧君褆雖失德廢嗣。晚年能隨時自　。　世祖嘗問褆曰。我之威武何如漢祖。對曰。殿下縱威武。必不溺儒冠矣。又問曰我之好佛何如梁武。對曰殿下縱好佛。必不以麪爲犧牲。又問曰我之拒諫何如唐宗。對曰殿下縱拒諫。必不殺張蘊古。褆每以談諧寓諷。　世祖亦樂其誕而戲之。

太宗祖

玄先生孟仁嘗以司諫爲親幸祭大祝。手持祝文。茫然不措一辭。 太宗怒曰。孟仁以文臣不能讀祝。將奚用爲。遂差萬戶。僉知任淑爲健元陵香使。而大祝則李維翰。僉知李長孫爲顯陵香使。而大祝則姜參。同熟齋室。維翰不詳問於人。誤以長孫爲淑。書長孫名於祝版。淑奠爵俯伏少退跪。維翰讀長孫名。淑高聲告神座前曰。非長孫乃任淑也。祭畢出曰。姜維翰誤事大敗。彼李參何以讀之。蓋維翰誤認。而僉知亦誤換也。

孫公舜賢事跡

孫判院聚古人三休四休之說。稱七休居士。爲人純謹無他。每事徑情直行。若關風俗綱常。必先致意。醉則發豪語無已。時嘗爲江原道監司。適時大旱。禱雨無效。公曰。不得求雨者無他。守令不盡誠也。如或誠心感天。則天必應之。遂齋戒親出祈雨。半夜聞雨聲。喜雨起曰。我當謝天。被朝服立庭中。無數拜天。雨勢漸急。有吏持傘倚後。公曰壓尊處安用傘爲。命去之。衣裳盡濕驪城君閔發。亦以功臣與焉。問諸左右曰　德宗何人。宗廟誰氏之宅。左右曰。德宗是　今上之考宗廟今上祖宗祭享之所。發曰此甚易耳。以子祭父。合於事體。有何他議。其後竟祔廟。夫順蒙與發皆無知武士。發言中於理。是由本然善性初未嘗汨也。

色

李桼判子野嘗赴京。有書狀官。適遊街市。見美人在紗窓裡刺繡。書狀目注不轉。美人開窓。以水揮之。衣盡濕。桼判聞而作詩曰。河水橋頭柳絮飛。酷探色却忘歸。多情忽有窓間雨。飛洒分司御史衣。其後再赴京師。行至通州。無疾暴卒。人皆惜之。

俳諧

有李斯文者。爲殷山縣監。京友投刺於門。久立無影響。枵腹不耐勞苦。日已高。忽聞衙中有吹角聲。門吏曰供盥頮也。日幾中天。又聞角聲。門吏曰整鞍粧也。日正中。又聞角聲。縣監出。其友進謁。縣監立與一語。即歸官廳。竟不招友。友大失望。未幾縣監驪城君閔發。亦以功臣與焉。問諸左右曰 德宗何人。宗廟誰氏之宅。左右曰。 德宗是 今上之考宗廟今上祖宗祭享之所。發曰此甚易耳。以子祭父。合於事體。有何他議。其後竟祔廟。夫順蒙與發皆無知武士。發言中於理。是由本然善性初未嘗泯也。

色

李叅判子野嘗赴京。有書狀官。適遊街市。見美人在紗窓裡刺繡。書狀目注不轉。美人開窓。以水揮之。衣盡濕。叅判聞而作詩曰。河水橋頭柳絮飛。酷探□色却忘歸。多情忽有窓間雨。飛洒分司御史衣。其後再赴京師。行至通州。無疾暴卒。人皆惜之。

俳諧

有李斯文者。爲殷山縣監。京友投刺於門。久立無影響。枵腹不耐勞苦。日已高。忽聞衙中有吹角聲。門吏曰供盥頮也。日幾中天。又聞角聲。門吏曰整鞍粧也。日正中。又聞角聲。縣監出。其友進謁。縣監立與一語。即歸官廳。竟不招友。友大失望。未幾縣監居殿而遞又有白斯文者。爲牛縣令。監司成公巡行過縣北界。顧謂都事曰。今日已晚。自然思食。都事曰。前未五里有晝停之處。縣當作例來辦矣。馳至其處。寂無人聲。有麥笠老吏。肩掛網囊。出跪路旁曰。支應而來。遂解囊呈一瓦壜及一小封。壜是酒而封是雞也。監司大怒曰。我雖飢困。安食此物。未幾斯文亦遞。時人作詩戲之曰。縣官出入三吹角。使道迎逢一瓦瓶。

有慈悲僧者。性直無曲節。雖公卿大相皆以名呼之。人有施與。則雖重物不讓而受。人有丐之者。盡數與之。只著破笠破衣而已。日日糊口於京中里閭。與之食則食。不與之則不食。腆饋不以爲美。糲飯亦不以爲歉。凡言物必稱主。言石則云石主。言木則云木主。其他物亦皆類此。儒生見僧向晚忽忽去。問曰。向那裏去。僧曰。往尼舍覓烏主家。蓋言覓袴具也。人皆笑之。僧腮有傷痕。人問其故。僧言曾入山採薪。有虎與熊相鬭。僧就前謂之曰。何故相害。宜各和鮮。虎主聽戒而去。熊主不聽僧戒。來咬僧面。適被山人來救而得免矣。予甞與諸宰樞會一處。僧亦來到。座中人問云。僧不曾入山修道。何苦每在人間修橋樑路井小事。僧曰。少時師僧戒云。入山苦行十年。則可以悟道。僧入金剛山五年。臺山五年。勤苦繕性。竟無其效。師僧又云。讀蓮華經百遍。則可以悟道。僧依教誦遍。亦無其效。自是始知佛氏虛妄難信也。然僧無他輔國。但欲修橋梁道井以施功德於人。人皆樂其眞率也。

陳高両天使所留題詠裒集。名曰皇華集。芹舘儒士聚坐。吟諷而讃之。柳上舍正孫在旁乃言曰。此詩如此美。故吾祖叅判公好觀之。滿座太噱曰。今時天使所製之詩。汝祖何由觀之。儒士又論饌物。偶及大饅頭之味。崔上舍八俊曰。吾祖母每作此物而食之。座中大噱曰。大饅頭惟於接天使大饗之禮設之。汝祖母雖甚豪富。豈得常常而食之。當時皆笑二人之嗤妄也。

余爲弘文提學。有舘員奉使南方。愛光州妓。落節而還。同僚誹笑之。余戲作詩云。僧於聲色本無情。娼妓齋中尙發情。若作湖南乘馹客。玉堂學士摠多情。昔者有一娼妓。喪親設齋於寺。羣妓皆往。有僧研菜。忽持刀倚壁而立。菴主僧問其故。僧曰見紅粧撩亂。情動不能止耳。庵主僧曰。汝勿雜言。今日娼妓之齋。誰不動情。詩句借此爲喩也。

余與同年元壽翁偕赴京。壽翁鼻楂赤。行至平壤。適侍房之妓鼻亦楂赤。余作詩戲之曰。箕都城內朔風寒。春色如何上鼻端。醉後一雙金橘爛。樽前兩葉晩楓丹。帳中光影偏相照。客裡風情慘不懽。我是直言吳可立。爲傳聲譽滿長安。甑山有老官吳可立。若見行客昵妓之事。每說於人。故詩語及之也。

余於辛未年間。在坡州別墅。一日余伯氏陪大夫人。往登珍巖巖枕洛河。其高千仞。上可坐百許人。西接海門。北與松都相對。松嶽五冠聖居諸山。如在咫尺。風景勝於蚕嶺。是時日斜。忽飛雨驟集。有虹自巖頭小井。入于江中。光輝所照。人面皆黃。腥穢之氣。人不敢近。眞天地之沴氣。而古人之言不虛也。伯氏作詩曰江波渺渺水如空。泛泛漁舟箇箇同。日暮顚風吹雨過。晩虹時起斷崗東。是歲余年十三。少子世淳年十。伯氏朝夕勤勤敎誨。或讀書或作詩。每夜同宿一房。叙文論懷。仲氏戲曰兩童能文章。吾輩他日閉門自縮。不幸世淳早逝。余之成立得至今日。皆伯氏之力也。

潮水之往來有常。朝曰潮。而夕曰汐。所謂信者不失其期也。自越閩齊東遼瀋之境。及我西南海。潮皆一様。惟東海無潮。中朝不知。故先儒無議之者。或云。南方體柔用强。故有潮。北方体强用柔。故無潮。或云。潮之源出自中國。我之西海近。故潮所及。東海遠。故潮不及。或云。自東女眞之域。沮洳連陸。達于東倭。潮源出自扶桑。過倭國而西。潮至連陸之地。迤回而南。我之東海在其內。故潮不及。此三說未知孰是。

雉之美者。北方爲最。今平安道江邊之雉。進其大如鵞。凝膏如琥珀。當冬捕而供進。謂之膏雉。其味甚美。自北而南。雉漸瘠。至湖嶺南陲則肉臊不可食。人言北方多草樹。得飲啄得所。故肥也。

物有相類者甚繁。雞與雉相類。鴨與雁相類。鵝與鵠相類。馬與驢相類。犬與狼相類。羊與羚相類。猪與豖相類。鼠與竹鼠相類。猫與狸相類。鴿與鵠相類。虎與豹相類。獐與鹿相類。鷹與鶻鳶相類。鯽與鯉相類。鰱與鰻鱺相類。蠏與蛛相類。蠅與蝨相類。蛟與鼈相類。蛙與蟾相類。葱與蒜相類。薑與欝金相類。鶯與啄木相類。香薷與荊芥相類。牧丹與芍藥相類。梨與林檎相類。榛與栗相類。李與奈相類。茄與苽相類。柑與橘柚相類。桃與杏相類。松與柏檜相類。茘支與龍眼相類。海棠花與木爪花相類。玫瑰與四季相類。金錢與石竹相類。薇與蕨相類。桔梗與人蔘相類。蒲與菖蒲相類。朱砂與雄黃相類。消腦與龍腦相類。其餘物之大小長短雖殊。而形體相類者無限也。

祈雨之禮。先令五部。修溝瀆淨阡陌。次祭宗廟社稷。次祭四大門。次設五方龍祭。東郊青龍。南郊赤龍。西郊白龍。北郊黑龍。中央鍾樓街作黃龍。命官致祭。三日而止。又設龍祭於楮子島中。令道流誦龍王經。又投虎頭於朴淵楊津等處。又於昌德宮後苑慶會樓慕華館池邊三處。泛蜥蜴於水瓮中。青衣童子數十。以楊枝擊瓮鳴鑼大呼曰。蜥蜴蜥蜴。興雲吐霧。俾雨滂沱。放汝歸去。獻官與監察。整冠笏而立。三日而止。又於城內萬落。貯水瓶挿楊枝焚香。坊坊曲曲設棚。兒曹群聚呼雨。又徙市於南路。

慵齋叢話卷之七

一七八

閉南門開北門。旱甚則　上避殿減膳。不鳴鼓審寃獄。赦中外。」

世祖朝

圓覺寺是古大寺之基。初有大殿及東西禪堂而已。慣習都監寓大殿西禪堂。禮葬都監寓東禪堂。大殿之北。爲中部儒生所會。　世祖皆命毁撤。更創大伽藍。名曰圓覺。以銀川君玉山君爲提調。兼大司憲。常於路上用憲官之儀。所由二人呵辟。又令騎士吹簫角前導。士女坌集聚觀。寺成設慶讃會。　上屢臨幸焉。有天雨四花舍利分枚之異。屢加百官級。其後中部移於架閣庫之基。禮葬都監寓松峴行廊。屬歸厚署。慣習都監合於奉常寺之樂學。而名曰樂學都監。未幾改爲掌樂院。洪仁山爲提調。以其地狹人衆。移今之地而大創之。宏堂傑搆。甲於諸廨。爲百官習儀之所。又爲科場取士之處矣。

世宗設諺文廳。命申高靈成三問等製諺文。初終聲八字。初聲八字。中聲十二字。其字體依梵字爲之。本國及諸國語音文字所不能記者。悉通無礙。洪武正韻諸字。亦皆以諺文書之。遂分五音而別之。曰牙舌唇齒喉。唇音。有輕重之殊。舌音有正反之別。字亦有全清次清全濁不清不濁之差。雖無知婦人。無不瞭然曉之。聖人創物之智。有非凡力之所及也。

琉球使臣來入京

丁酉年琉球國王使臣到國。 成宗接見乎慶會樓下。使臣退館謂通事曰。我到貴國見三壯觀。通事問其故。使臣曰。慶會樓石柱縱橫刻畫。飛龍倒影隱現於碧波紅蕖之間。此一壯觀也。領議政鄭公風標俊逸。玉色鬚髯。下垂過腹。輝暎朝著。此二壯觀也。禮賓正每參晝盃之宴。快瀉無限大鍾。不曾有難色。此三壯觀也。時李淑文爲禮賓副正。朋友聞之絕倒。

活字

太宗於永樂元年。謂左右曰。凡爲治。必須博觀典籍。吾東方在海外。中國之書罕至。板刻易以剜缺。且難盡刻天下之書。予欲範銅爲字。隨所得而印之。以廣其傳。誠爲無窮之利。遂用古註

慵齋叢話卷之七

詩書左氏傳字鑄之。此鑄字所由設也。名曰丁亥字。 世宗又於庚子年。以所鑄之字大而不整。改鑄之。其樣小而得正。由是無書不印。名曰庚子字。甲寅年又用爲善陰隲字鑄之。比庚子字。差大而字體甚好。又命。 世祖書綱目大字。世祖時爲首陽大君。遂範銅爲字。以印綱目。卽今所謂訓義也。壬申年間 文宗更鎔庚子字。命安平書之。名曰壬子字。乙亥年 世祖改鎔壬申字。命姜希顏書之。名曰乙亥字。至今用之。其後乙酉年。欲印圓覺經 命鄭蘭宗書之。字體不整。名曰乙酉字。 成宗於辛卯年。用王荊公歐陽公集字鑄之。其體小於庚子。而尤精。名曰辛卯字。又得中朝新板綱目字鑄之。名曰癸丑字。大抵鑄字之法。先用黃楊木刻諸字。以海蒲軟泥。平鋪印板。印着木刻字於泥中則所印處。凹而成字於是合兩印板。鎔銅從一穴瀉下。流液分入凹處。一一成字。遂刻剔重複而整之。刻木者曰刻字鑄成者曰鑄匠。遂分諸字。貯於藏樻。其守字者曰守藏。年少公奴爲之。其書草唱准者曰唱准。皆解文者爲之。守藏列字於書草上。移之於板。曰上板。用竹木破紙塡空而堅緻之。使不搖動者。曰均字匠。受而印之者。曰印出匠。其監印官則校書館員爲之。監校官則別　命文臣爲之。始者不知列字之法。融蠟於板。以字着之。以是庚子字。尾皆如錐。其後始用竹木塡空之術。而無融蠟之費。始知人之用巧無窮也。

斯文柳休復與其從弟柳允謙亨叟。精熟杜詩。一時無比。皆受業於泰齋先生。先生雖以文章著名。而緣父之罪。禁錮終身。斯文亦不得赴試。　世宗嘗命集賢殿諸儒。撰註杜詩。而斯文亦以白衣往參。人皆榮之。其後皆通仕途。斯文登庚辰科。官至校理。亨叟與余同年進士。而登壬午科。官至右副承旨。亦以文學名。我仲氏眞逸先生學杜。斯文日夜忘倦。讀至百遍。由是大悟。

文理觸處皆通。我伯氏文安公常與仲氏論杜而作詩。多得杜體。余亦少時受杜於伯氏。拘於舉業。半途而廢。至今恨其不全也。

尹淡叟先生性拙直。又精於詩表。專用科場規範。謂人曰崔勢遠讀樊川。如以蒿草裹泥。盧子件讀東坡。文辭倔強。如以鈍鉅斷木。此豈可用。不如陽村陶隱之歆美易吞也。嘗與李放翁論文。淡叟曰。足下之文如陽村。放翁曰。先生之詩過陶隱。相讓未已。其後淡叟爲宣慰使。下嶺南。路逢故人上京者。謂之曰京友若問余之行止。汝必曰。釋伽如來遊南方也。徐達城作詩云。文章陶隱右。福德釋伽南。淡叟少時以儒生殿講。不脫靴幕而入。勢遠作詩云欲識老厖眞惱處。白靴黑幕拜君王。淡叟每誇於人曰。吾兒理學如朱子。吾壻文章似昌黎。勢遠大書門扉曰。厖叟莫誇兒與壻。一門非是盡英明。一日宣城達城就淡叟第。時宣城兼判吏曹。淡叟爲軍職司勇。淡叟占句云。副司勇宅三台集。達城應聲對曰。兼判書隣九品存。　世祖設援英試。取金守溫等二十餘人。盧宣城徐達城李韓山洪益城梁南原任西河皆中選。其餘皆一時名儒。其日未及赴者亦多。更命宣城西河益城爲試官。又取姜晉山成夏山李陽城芮金世蕃尹淡叟等數人。是日設場於思政殿庭。借紙於香室。遂付承旨朴子啓曰。吾之名紙。子可使人裁割而來。遂坐場中苦吟。顧謂曰。吾紙已裁乎。子啓曰。安心做作。紙當來矣。日暮篇成索紙。子啓曰。我躬不閱。追恤我後。我已用之矣。淡叟大慍。遂取裹肉小紙而書呈之。是時天熱。淡叟脫靴而坐。又布亂帙書冊於前。宣城潛令人奪靴與書冊而去。淡叟呼丐。不得。赤脚步出宮門。見者無不絕倒。及榜出。則淡叟居末。欲不遊街。宣城晉山夏山俱詣其家。恐動之曰。君若不出。我當啓之。加幞於頭。披袍於身。扶擁而出。淡叟不得已應榜。每於同年禮會。呼淡叟爲末坐。侵困萬端矣。

金斯文宗蓮性戇直。博覽書史。少時、居清溪山下。一日强盜數人。奄至其家。斯文開弓注矢。倚戶而立。盜疑畏不敢近。斯文發矢。盜雀躍曰。勇哉先輩之射矢。直不敢當也。遂入室盡偸財物而去。斯文僅以身免。　世祖將祀山川。以犧牲瘦瘠。罷牲官之職。更命憲府。察視喂養。斯文爲監察。受任而往。日夜坐牛傍。牛飽停食。斯文顧謂牛曰。牛乎牛乎。何不食草。旣食汝員。又欲食我乎。牛乎牛乎。黽勉食草。免我罪累。斯文以選與通鑑撰集廳。諸先生論食味。偶及河豚殺人之事。共坐廳中。晝飯案有新石首魚湯。同僚顧謂斯文曰。此魚甚美。試嘗之。斯文持湯鉢置諸案下曰。先生誑我矣。欲殺人乎。滿堂大笑。

成廟升遐之日。城中士大夫巨族。多有婚媾者。或乘朝而往。或當午而往。或佯若不知而往。其後事覺皆抵罪。竹城君朴之蕃武人不解文字。前一日是醮子之夕。賓僚畢集。忽聞大內疾劇。乃曰。父不豫。臣子何忍私行婚禮。遂謝絕賓僚而返之。時有議者曰。儒林反不如武士。可嘆也已。

莫非山蔬而朮芽。名曰山菜。莫非水族而秀魚。謂之水魚。俗語然也。祁天使到國。食秀魚美之曰。此魚何名。通使答曰水魚也。天使笑曰鱗介萬族。而此魚何獨名水魚。魚在水中者皆名水乎。蓋秀與水。方音相似。而通使不能辨也。

昔有一守令。與邑戶長。相與占聯。守令皤腹。而戶長患眼。守令先唱曰。戶長之眼雖濕。能作渠而導之乎。衫袖之厄而蒼蠅之宴食。戶長但俯伏而已。守令曰上尊亦對之。戶長唱曰。大人之腹雖大。能載貢稅之米耶。騶騎之厄而猛虎之宴食。余與一庵陪伯氏。東遊關東。一庵每呼弟子。夜出遺矢。伯氏唱曰。一庵雖屢見馬。能給馬蒭乎。弟子之厄而厖狗之宴食。余又陪伯氏赴

慵齋叢話卷之七

京。醫員金原謹嘗患獨脚。余唱曰。金判事之脚雖大。能作大葫蘆乎。房妓之厄而眞豆之、宴食。眞豆虫名。好黏狗脚者也。

凡菜菓。皆隨土宜而種之。以收其利。今東大門外往審坪、種蕪菁蘿葍白菜之類。青坡蘆原兩驛。好種蹲鴟。南山之南李泰院村人。好種茶蓼作紅芽。京畿朔寧之人。好種葱菜。忠淸右道之人。好種蒜。全羅之人。好種薑。如旌善之梨永春之棗密陽之粟順興海松子咸陽晉陽之柿。他處雖有。而不如此邑之多且美也。

學專上人號一庵。其爲人純謹無他。表裡如一。雖知作詩。而所占無警句。雖知內典。而不深究根本。雖不入山修道。而亦無浪跡。好與人棋。而常不勝、亦不爲慍。與人無貴賤。一與之語。即成心交。至如中高靈李延城朴平陽成謹甫柳太初姜晉山徐達城洪益城李陽城成夏山昆弟任西河李平仲金福昌、皆其至交。而高靈尤愛護之。一日夏山設宴慰高靈。佳賓滿座。歌妓擁後。高靈愀然不樂曰。若有一庵。吾可罄歡。夏山伻人請邀。少焉一庵欣然入室。彎袖而舞。高靈與座客皆解頤。終日罄歡而散。及拜禪堂判事。入院之日。簪珥盈門。人皆榮之。雖無文名者。亦皆與之交。退老于文化具葉寺。使華往訪者不絕。至今年過九十而。身猶康强也。予嘗作句曰。棋無面象終難勝。詩失先聯不自由。高靈聞之曰。此正實錄也。謹甫嘗作一庵詩曰。上人學佛者。揭一名其庵。吾徒學孔子。還慚德二三。時人以爲善名狀也。一庵求詩於縉紳間。所藏詩卷。連床盈篋。而一時精抄之詩。皆萃於此矣。人之嗜好不同。性所然也。金宰樞淳好食　實。一庵好食麪。徐后山好食大口湯。我伯氏好食蘆苔。此四物皆非至味。而篤好之。裴載之惡麪。見之則必置床下。人問其故。答曰。見人之食麪。滿口咄咄。則心神顫動矣。孫鷄城惡食西瓜。曰若一片入口。心先穢。惡。崔提學惡大口魚。乃曰。若聞此魚之臭。頭痛如裂。申正郎惡蓴菜。曰。若去凝滑。可以下著。此四物皆至味。而惡之如此。人之嗜性本定。不可傳移也。

斯文丁子伋有子二人。奇斯文禶與其子壽崑。司仕承文院。禶曰子之嚴君有四昆弟是否。壽崑駭愕曰。獨一嚴君而已。何謂有四。禶曰子之嚴君居長。其次丁子舡其次丁子閣其次丁子藥也。丁子伋有子二人。曰壽崑壽崗。丁子舡無後。丁子閣有一子。曰丁紛。丁子藥有一子一女。子曰丁腫。女丁香。壽崑答曰。君有四男信否。人問其故。壽崑曰。君之長子特次異次凡次求。滿座大噱。

武官梁某。爲公州牧使。暑月多蠅。梁厭之。令州中吏胥。下至伶妓僕隷。每朝捕呈蠅一升。嚴設法而督之。上下爭務捕捉。皇皇不少休。至有抱布買蠅者。時人謂之蠅牧使。治邑如捕蠅。則令豈有不行者乎。

乙已歲朴生隨我赴京。爲人純謹質直。容止麤俚。初到平壤。監司備萬隊紅粧。來迓舟中。生目眩不能仰視。潛於帽下窺之。奇態異常。有一妓坐船頭。生指之謂同伴成生曰。汝爲庶尹三寸。能成我事。則必厚報之。到館就房。未知某之來。凝神儼思。俄而捲帳而入。即船頭坐者。生雀躍不已。私自語曰。若非成龍之力。何以至此。情意深篤。須臾不離側。雖於溷厠。亦必相隨。探囊中得小簡。乃妓私夫所送也。生不以爲嫌。反愈愛之。每晨脫妓短襖被之曰。亦是客中滋味。及行之日。欲與載歸。已備鞍馬。妓因隙逃走。至順安。惘然自失。又見湯酒女有色者。百計圖之。携入房中。因生之醉。其女逃去。生酒醒。有一女過房。以爲其人而執之。終夜講歡。到曉視之。則鼻大如盤。不類前見者。生遽呼曰。此非也。至肅寧館。邑中人物繁華。紅裳翠鬟羅擁酒樽者數十人。

生以府使族弟。乘威得美者。昵愛尤甚。是日天陰。生撫女背曰。明日降雨。則一行當留。願天知我心。霈然注霖。仍歔欷太息。賓主朝飯于東軒。生持紙呈府使。願給女浣衣之暇。府使給數日。生曰四寸之間。何如是薄也。府使不得已給數朔。生借馬於人。載向安州。肅川人見之曰。朝天行次。一年三度往來。子弟軍官無數。吾輩閱人多矣。未見此人之淫急者。其奔馳正如狂犬耳。至安州留一日。愛之甚篤。臨發之際。還送女于肅川。女所率人失鞍子。女呼泣曰。所以隨汝而來者。欲蒙德蔭。今未蒙德蔭。反有此患。罵之不已。生茫然若無所措。至嘉平館。生見官婢有姿色者。謂館人曰。我是壬申年助戰軍官。嘗愛此婢。須喚率來。女信之至前熟視曰。壬申年從誰而來。我曾不識汝面也。拂袖而去。生得他人伴宿。至定州獺川橋。牧使來迓設酌。生見一妓。呼而進之曰。汝知李陸令公乎。曰否。汝知盧公弼令公乎。曰否。生遽前執手曰。既不識二公。則必來吾房。同伴謌之曰。有干於使。生遂放之。又聞妓碧洞仙有色。百計圖而得之。一行之人惡生濡慝。欲誑之。州有儒生明孝者。年少丰雋。塗粉靚粧。坐東軒群妓中。凝眸整襟。眞贗莫辨。生視之曰。天下無雙也。遽前執手。扶歸西室。明孝故拒。生或叱或誘。老妓執燭導前。謂生曰。此女未經人事。當徐徐馴之。毋遽侵辱也。生入室抱腰附耳語曰。汝若從我。汝之計活。我當遂之。成生來曰。牧使設酌。欲慰吾輩。君不可早休。不如携妓往參。生携手同歸。牧使叱明孝曰。汝以官物。不順於客。罪當大笞乎。吏取栲杖來。扶而下之。生出跪攢手哀乞曰。此兒無不順之事。傳之者誤也。若因我得罪。反咎我尤甚。牧使赦之。明孝奉觴而進歌曰。今日始相見。明日還相離。厥初若不逢。不知是阿誰。生撫背欣笑曰。何如是不遜而唱如是歌乎。我觀諸妓。無如汝之顏色。吾捨此何求。飮罷到房相持弄戲。

區區狎昵。千態萬狀。碧洞仙在側。生謂成生曰。吾得美人。不顧此妓。汝速持去。生奴來窓外曰。此是妓乎。何迷而不悟。生叱之曰。汝何知吾事。俄而解衣同臥。始知男子。驚起無一言。翌日行至離亭。明孝男服隨生傳盃。生欲升馬。明孝攀衣止之曰。終夜團欒。欲成我計活。今何容易而去。大無情也。衆人皆笑。至義州。州素多人物。與箕城相甲乙。有一年少婢名末非者。生見而憐之。欲遂而未遂。謂裴官曰。君去此邑。能成我事。則當以死報之。裴官曰。此輩各有主。吾不能制之。不如告州官。生即趨謁判官請之。判官呼末非敎之。末非猶未聽許。在上房前。生解玉葫蘆。繫末非衣。乃笑曰得我物。當從我言。是夜同宿。末非雖無愛生之志。欲獲後利。百態媚之。生心膽盡落。自以爲得佳偶。翌日末非謂生曰。官家繁擾。不如往吾家蔬糲共之。生携手同歸。早晨進粟飯葵羹。生甘食不遺。生離家已久。蓬頭垢面。末非熨水。親自洗面梳髮。生尤樂焉。來謂諸輩曰。其家殷富。其人慧黠。自吾平生未曾見也。至江上臨別。生抱末非。臥沙中涕泣。剖小石各書名而分之。生繫諸衣衽。如寶金玉。未嘗失。留燕數月。言言每稱末非。不離於口。回至遼東。末非之娚末山。隨迎逢軍而去。末非送溫襖。生即被於肩。謂諸輩曰。此吾兒所送物也。到義州。末非欲得唐物。務增媚態。生之憐愛。倍於多給　遙末非家祀神。謂生曰。家無魚物。汝可乞來。生見判官得乾魚一束。親持而歸。跪受神賜酒快倒曰。我是大主翁。不可不飮也。至林畔館將別。生携末非手。來入上房索酒。各飮一盃。末非執生衣。生執末非手。相持痛哭。日已高。同伴力解之。生恐末非追來。踉蹌走出。誤得他人馬而倒騎。見者皆抵掌。馬上雙淚點滴如雨。至一溪曲朝飯。同伴勸飧。專不顧。惟俯首向溪。同伴曰子無乃泣乎。生曰我非泣。乃翫水中魚耳。捲帽而視之。目盡腫。

慵齋叢話卷之七終

慵齋叢話卷之八

僧敎

我國崇奉佛敎久矣。新羅故都招提多於閭閻。松都亦然。王宮甲第。皆與佛宇相連。王與後宮。詣寺燒香無虛月。設八關燃燈大禮。皆依於佛。王之第一子爲太子。第二子則削髮爲僧。雖儒林名士。亦皆效之。寺刹皆有藏獲。多者或至千百。爲住持者。或擁婢妾。其豪富勝於公卿。置十二宗。以掌釋敎。僧多有封君辟除者。至我　太宗。革十二宗只置兩宗。盡革寺社之田。然遺風未殄。士大夫爲其親屬皆設齋。又設法筵於殯堂。行忌祭者。必邀僧飯之。亦有詩僧。與縉紳相唱酬者頗多。儒生讀書者皆上寺。雖或有壞瓦畫墁之弊。而儒釋相賴者亦不少。至　世廟朝極矣。僧徒雜於村落。雖有濫暴。人不得詰。朝官守令亦不得抗。至有賴僧蔭而獲利者。大學生獻佛骨要恩寵。士林不甚驚怪。

自　成宗嚴立度僧之禁。不許給帖。由是城中僧徒尠少。內外寺刹皆空。士族無設齋飯僧者。是由人主之所尙而俗習亦與之變也。

僧

城中尼社。曾已撤毁。而惟存淨業院。盡驅出于東大門外安巖洞等處有三四舍。南大門外種藥山南舊有一舍。其後兩尼各搆小舍於其傍而居之。至今有十餘舍。尼姑誑誘寡婦。作爲檀那。各作棟宇。奠錦丹雘。如四月八日燃燈七月望日盂蘭盆臘月八日浴佛。爭施茶果餠物。供佛而邀僧。僧徒作唄。紅粧繡裳。坌集山谷。頗有醜聲聞於外。年少尼輩。多有產兒逃亡者。

兵曹判書安崇善爲承文院提調。作內兵曹于景福宮光化門內之東隅。大廳廊寮悉備。宏壯緻密。諸郞亦盡力爲之。不日告成。判書啓曰。兵曹雖非此宇。當有居處。承文院職任事大。所掌文書亦夥。官宇狹隘難容。乞以此曹爲承文院。卽依允判下。諸郎皆失色。無如之何。由是承文院入處闕內。文書考覈之日。都提調提調齊坐監進。內資寺供酒。司宰監供脯。宣訖散去。郎廳仍坐設酌。校理趙安貞占句云。監進文書日。提調各散回。乾獐一口割。宣醞兩尊開。呼大先生飮。請諸僚友來。高靈鍾上下。不覺玉山頹。院中員多料少。當晝只點一飯菜鹽一器。時有識之者云。盤中破鉢大於舟。糲飯參差小雉頭。腹未果然還自惄。騆僮曾不瀝餘休。前御文士來作學官。因此得職者頗多。時人謂之活人院。其後申高靈兼判禮曹。專掌事大之禮。啓請優給俸料。由是稍贍焉。

我國三子登科無限。而五子登科者尠少。故父母亡者贈爵。存者歲賜米二十碩。在前朝。洪禹壽洪富洪康洪德洪命而已。入我朝。李禮長智長誠長孝長恕長五昆弟。安重厚謹厚寬厚敦厚仁厚五昆弟。皆登科。我文安公常謂余曰。我之昆弟。只三而未及於五。然我登初試重試拔英試。和仲亦登試。汝亦登初試拔英重試。亦過五也。准數則我父母當享其榮。而未有。國法亦可恨也。

我國父子拜相者。黃翼成公喜及其子南原府院君守身。皆爲領相。李公仁孫爲右相。而其子廣陵府院君克培爲領相。蓬原府院君鄭公昌孫爲領相。而其子佸爲右相。祖孫拜相者。金上洛士衡及其曾孫碩。韓西原尙敬及其孫明澮。盧左相開及其孫領相思愼也。以壯元及第拜相者。孟左相思誠。柳文城亮。鄭河東麟趾。崔寧城恒。洪益城應。權吉昌擥。愼居昌承善也。生員進士初試重試繼擢壯元者。禹洪命。生員壯元及第壯元南季瑛。生員壯元及第壯元鄭河東。初試壯元重試壯元李延城石亨。生員進士壯元及第壯元一年連擢最爲貴。裴孟厚生員進士皆連擢壯元。金訢進士壯元及第壯元。申次韶進士壯元初試壯元重試壯元。金千齡進士壯元及第壯元也。一等三人一時拜相公者。崔寧城曹昌寧朴延城。士林無不企仰焉。

我國文章家尠少。而著書者尤尠。桂苑筆耕幾卷新羅崔致遠所著。皆四六也。東人文幾十卷侍中崔滋所撰。三韓龜鑑一帙猊山崔瀣所撰。東國文鑑幾十卷侍中金台鉉所撰。東文選幾十卷徐達城受命所撰。皆集前賢詩文也。李相國前後集幾十卷文順公李奎報所著。最雄健。金居士集幾十卷員外郞金克已所著。古板在校書舘。半刓。銀臺集只有一帙。雙明齋一帙破閑集上下帙皆李仁老所著。補閑集上下帙侍中崔滋所著。西河集斷簡一帙林椿所著。益齋集幾十卷櫟翁稗說一帙李齊賢所著。睿宗唱和集兩帙睿宗與郭輿等酬唱所著。動安居士集一帙李承休所著。中順堂集一帙羅興儒所著。息影庵一帙僧人所著。不知名氏。竹磵集一帙懶翁弟子僧宏演與歐陽玄危素遊。兩學士作序。而詩最健。關東瓦注一帙安景恭關東按廉時所著。牧隱詩文集幾十卷韓山伯李穡所著爲東方文府。稼亭集幾卷李穀所著。樵隱集一帙李仁復所著。圃隱集一帙文忠公鄭夢周所著。陶隱集兩帙李崇仁所著。農隱集一帙拙翁崔瀣所著。霽亭集一帙李達衷所著。雪谷集一帙鄭誧所著。圓齋集一帙鄭樞所著。思庵集一帙柳淑所著。復齋集一帙鄭摠所著。義谷集一帙李邦直所著。春谷集一帙李亢紘所著。東亭集一帙廉興邦所著。萱庭集一帙廉庭秀所著。陽村詩文集幾十卷文忠公權近所著。春亭集幾十卷卞季良所著。三峯集幾十卷鄭道傳所著。貞齋集一帙朴宜中所著。雙梅堂幾十帙李詹所著。郊隱集七卷鄭以吾所著。惕若齋集一帙金九容所著。柳巷集一帙韓修所著。禪坦集僧禪坦所著。獨谷集兩帙政丞成石璘所著。桑谷集一帙我曾祖公所著。梅軒集兩帙提學權遇所著。遁村集一帙李集所著。近思齋集。偰遜所著。芸齊一帙偰長壽所著。夏亭集一帙政丞柳觀所著。鐵城聯芳集李嵓李岡李原等所著。八溪集鄭偕所著。千峯集一帙釋屯雨所著。桂庭集一帙釋省敏所著。泰齋集一帙柳芳善所著。栗亭集一帙尹澤所著。清卿集一帙尹淮所著。厖軒集一帙政丞黃喜所著。蘭溪集一帙咸傅霖所著。通亭集一帙姜淮伯所著。玩易齋集一帙姜碩德所著。仁齋集一帙養花小錄一帙姜希顏所著。短豁集一帙李惠所著。爲人身短口缺。故以爲名。保閑齋集二卷領相申叔舟所著。所閑堂集二帙左相權擥所著。太虛亭集。兩帙領相崔恒所著。拭疵集兩帙金守溫所著。四佳亭集幾十卷達城君徐居正所著。私淑齋集幾十卷晉山君姜希孟所著。安齋集一帙即我伯氏所著。眞逸集一帙即我仲氏所著。自高麗至我朝。中間作者無限所著雖多。而或有子孫微弱不能裒集。雖欲裒集而散逸殆盡。今姑取行於世者。錄之如左。

古者文科殿試。第三者。謂之擔花郎。放榜時。擔花郎摠受帽花於御前。分揷諸新恩。我仲氏癸酉春。擢第爲擔花郎。拜典農直長。是時金斯文子鑑爲判事。庭中梨子。隨風亂落。斯文顧謂仲氏曰。我占一聯。君可對續。遂吟曰。滿庭梨栗廳直樂。仲氏即應曰。堆案文書判事憂。斯文大怒曰。足下以廳直對我乎。仲氏遜謝。然後稍弛。其後典農廢爲軍資大倉。

鄭貞節公及其弟蓬原公。皆我六寸也。我伯氏往謁貞節之第。貞節遽令呼八。公猶朝臥未起。布被草薦。蕭索莫甚。乃謂之曰。汝冒寒遠來。可置汝手於我被中。相與講論經史而已。又謁蓬原公。良久立門外。公整冠服出迓。如待大賓。兄弟之氣像不同。

咸東原少時。放浪於花柳間。然莅職敬謹。遇事善施。遂爲名宰相。以勳封君。嘗爲湖南監司。以善政聞。其還拜大司憲。常愛全

咸傅霖

州妓。相別有難色。密授號牌於妓。令可潛夜隨來。日久妓辭於府尹。時李堰爲府尹。淸高性急。見妓之辭。大怒曰。法官豈可帶妓。其汝言太謬。妓出呈大憲號牌曰。公云官府苦不信。以此爲標。堰唾地大罵曰。我以咸某爲節士。以今觀之。眞下品人。時人皆樂公之眞率。而笑堰之大急也。年老久有疾。惟有一女。而女先死。又厭酒色不畜妾。家無收護幹事之人。供頓或至屢空。有舊情女醫。聞之即挺身而入見公。披繿縷衣。長臥蒲薦。只一頑僕侍側。女醫曰。以公之豪傑。何落魄至此。公無一言。瞠視流涕而已。

世祖常聚文士于勤政殿庭。依科塲例。出島夷山戎絡繹來朝箋。取二十餘人。伯氏居首。世祖御書一等二字於卷尾。姜晉山居二。徐達城居三。伯氏以判司宰拜僉知中樞。晉山以判通禮拜禮曹叅議。達城以司諫拜工曹叅議。　世祖將命放榜遊街。

適因諫官之言而止。特賜酒樂於伯氏之第。　命內宗親桂陽君增。翼峴君運。義昌君玒。密城君琛。寧海君瑭。玲川尉尹師璐。及名公鉅卿來會。極歡而罷。翌日同榜人皆携壺來訪。一時士林皆榮之。伯氏箋詞曰。體天地覆燾之仁。盛德不顯。致聲教朔南之暨。殊方畢來。恭惟殿下與天同大。視古無前。宗社再安。武功勘定於禍亂。仁義旣効。文治輯寧乎邦家。海濤萬里。奔走卉服之人。天門九重。拜舞氈裘之俗。朴致命詞曰。單于臺上。不勞漢帝之躬臨。干羽階前。坐見苗民之自至。尹茂松即中高靈之妻兄。一時拜相。常於同年之會。高靈占句云。青眼故人俱白髮。茂松遽對曰。黑頭賢相只丹心。高靈歎服屈膝曰。我不如兄之精敏。高靈愛古阜妓。只丹心故話及之。

鄉里風俗厚禮

今之風俗。日漸澆薄。惟鄉徒爲美。大抵隣里賤人。皆相聚作會。少者或七八九。多者或百餘。每月相遞飲酒。人有遭喪者。則同徒人或備喪服。或備棺槨。或備炬火。或備飲食給之。或執紼或造墓。人皆服緦麻。此眞其厚風也。

志怪

余少時。送客南江。回至典牲署南峴。是時微雨。馬噴沫不能進。忽覺暖氣射面如火。又有醜氣不可堪。見路上東谷。有人着簑笠。長數十丈。面如盤目如炬。詭狀非常。余默自念曰。我若失心。必墮彼計。遂控馬不發。良久縱目視之。其人便回首向天。漸漸消滅。騰空而去。信乎心定則怪不入也。

金中樞誠童。上洛府院君之子也。家在南大門外連池旁。爲人長九尺。沉重簡默。不喜與賓朋遊戲。常處一室。終日不與人語。惟手不釋卷。歷積城縣監。然後登第。遂擢甲科第三人。陞堂上官。出倅富平。蒞官清謹。剖決機務。催科不至於民。民戶晏然。如慕父母。其時監司啓聞政治。特加嘉善中樞。其於公務。汲汲如恐不及。家事則一無所營。人皆以遠大期之。曰眞宰相材。未幾夫妻俱歿。尹執義粹彥。吾友子芳之子也。家與中樞相隣。爲人有文武長材。小年登第。自舍人出爲執義。朝夕望銀臺如咫尺。奉使平安道。時子芳爲黃海監司。執義謁父于海州。因病而死。中樞柩發數日。執義柩入來。士林俊彥。一時殞逝。隣近咫尺之間。而凶哀相繼。士林無不悲痛。

今之氷庫。即古之凌陰也。東氷庫在豆毛浦。只有一庫。以供祭祀之用。其藏氷時。奉常寺主之。與別提二人同力檢察。又有監役部將伐氷軍官。監取於楮子島之間。所以避開川下流之汚也。西氷庫在漢江下屯知山之麓。庫凡八梗。諸國用諸司諸宰樞皆須用之。軍器寺軍資監禮賓寺內資寺內贍寺司贍寺司宰監濟用監主之。與別提二人同力檢察。又有監役部將伐氷軍官。其餘諸各司。分屬於八梗。氷堅四寸。然後始役。當其時。諸司之員。爭相務勝。軍人雖多。不能善取。村民鑿取賣於軍人。又施葛繩於氷上。以防顚躋。設柴木於江邊。以救凍人。又置醫藥。以濟疴傷。其備患深矣。當初八月。多給軍人於氷庫。庫員率軍人。修理庫井。樑桷之敗者易之。墻籬之毁者改之。又庫員一人往鴨島。刈取葭薍。盖覆庫之上下四傍。多積而厚藏之。則氷不消融。前者官人等日夜縱酒酣醉。以藏氷之事。委諸下吏。癸丑年藏氷踈漏。上怒皆罷。甲寅年官吏用心藏氷。故乙卯年國之大喪。使臣宴需氷用不乏。至秋庫有餘氷。其檢審之方。不可不密也。

我國命課類。皆盲人爲之。國初有卜眞者。能爲遁甲之術。一日眞忽詣闕謁上。上問宮闈甚嚴。汝何得入。眞啓曰。臣遁形而入宮闈皆不知。今日是臣命盡之日。願上救之。上曰汝以秘術。潛入宮掖。汝罪甚重。不可赦也。即命殺之。其後金鶴樓者。能知明鏡數。又有金叔重者。名於世。生員朴雲孫奸館婢。妬殺婢之本夫。以死罪囚獄。決招之日。刑曹郎官齊集。叔重在其傍。歷言休咎。正郎盧懷愼以豪富擅一時。顧謂叔重曰。彼囚命在朝夕。有可免之理乎。叔重良久推命。乃曰。此囚非徒得免於刑。宦途廣遠。而無患害之事。正郎之命。反不如此囚。一坐皆笑其孟浪。雲孫於被刑之日。逃走得免。後官至三品。年七十而死。懷愼未幾早夭。我先君厚叔重。時余年五歲。得疫疾將死。呼問休咎又推伯仲氏之命。叔重曰。長嗣福祿長久。官可至吏判。仲嗣雖淸貴而不長。小兒福祿與長嗣相等。而榮華過之。雖置虎狼之穴。必不相害。果如所言。有金孝順者亦善卜。伯氏爲儒時。與上舍李寬義往占其吉凶。孝順占伯氏之命曰。今年必大捷。終至貴顯。占上舍之命曰。沒齒終身一腐儒。上舍有文名。儕輩推爲巨擘。視科第如摘頷髭。聞占語痛哭嗚咽。孝順慰之曰。然晩年有君臣慶會格。其後上舍竟不登第。退老鄉曲。年七十以逸民徵。

成宗引見于便殿。講論治道。　傳曰。眞可用之才。然老鈍難留。厚賜衣服而送之。今有金山實者。居吾鄰。丁未戊申年間。問吉凶。山實曰。大明初出處。萬里見光輝。此飛揚宦路之兆。必得高官。其年弘治皇帝新登大寶。余以謝恩使赴京。其事正合。而山實誤以爲得美官。然實兆則不虛也。

國家富盛士夫獲利事甚多

國初以來。禁網踈濶。士大夫獲利之路亦廣。諺傳。　太宗獵于外方。日暮微服御溪上。有十餘人。馱載食物過御前。問承政院何許。　太宗笑曰。汝向水下亂烟處去。此是承旨所在也。至世宗朝。諸庫公物猶不知檢。闕內饌物。承政院專掌。而所食皆御膳之餘。食之不盡。又分送于其家。如有宴食。則禮賓設筵。酒官進酒。倉庫之吏獻伶妓纏頭之弊。米穀十石以下擅須與人。一日所用。大抵紙數百卷。酒數百瓶。他物稱是。朝官旅寓者。借落庭米於倉官。小不下、數石。雖名落庭。而其實正穀也。借器皿於官。借而不納。官亦無問。虛費萬端。而公用不窘。未知何自然也。自 世祖更六典成橫看之案。雖至微物。皆啓稟然後用之。由是人無濫用。儲畜亦竭。國家恒患不足。亦未知何自然也。

鐵原古東州之野。號稱獸藪。 世宗屢臨講獵。獲獸無數。賓庵公需之外。需賜宰樞者亦無算。由是文昭殿朔望祭奠。惟鐵原平康供焉而有餘。今東州之野。太半畊種。禽獸鮮少。兩邑艱闕獲獸。如不獲焉。則捿捿遑遑。無暇寢食。上下官吏。搜索林藪。而僅免罪罰。然至今不廢。猶勝他處也。

鄭貞節公者。判書欽之之子也。判書判刑曹。貞節爲大司憲。父子。一時爲宰樞。父子皆容貌雄偉。鬚髯長美。一日相遇於大市。判書乘軺。大憲趨走扶軺。且行且語。風彩輝暎。路上見者莫不榮而慕之。

君子將營宮室。必先立祠堂。以奉先世神主。此朱文公家禮也。

自三國高麗以來。專奉釋氏。家廟之制不明。士大夫皆不以禮祀先。自圃隱文忠公倡明道學。嚴立祭祀之儀。然後家家立祠堂。始傳家舍於嫡嗣。始重嫡庶之分。無子者必取族子以爲嗣。國家大享用孟月。士大夫時享用四仲月。是有序也。

苔出於南海者。謂之甘苔。似甘苔而差短者曰莓山。可作炙。吾友金上舍澗讀書山寺。寺僧饋之。食之甚美。然不知爲何物。詳問然後始知其名。一日到吾家曰。君知莓山炙乎。天下之至味也。余曰。此物乃御厨之供。非外人所得嘗者。然爲君求之。余出崇禮門。見蓮池中苔髮亂浮水面。遂斛而取之作炙。伻人招上舍。上舍聞言即至。相對設酌。余食莓山。上舍專食苔。纔訖二串曰。炙中有沙味。亦不類前食。漸覺胷中穢惡。心甚不平。徑出還家。上嘔下洩。病臥數日。乃瘳曰。寺僧莓山甚美。君之莓山甚惡也。余於園中見青虫滿樹食葉。遂拾取。以紙片裹封甚密。伻小蠶往遺之曰。幸得莓山。以備君之一飱。時已黃昏。上舍夫妻擁衾同坐。喜曰。汝主不自食而遺我。眞愛友也。遂折封。諸虫亂走。或入衾。或穿裳。夫妻驚恐大叫。虫之觸處。皆病瘡。一室大噱。

成獨谷

積善之家。必有餘慶。獨谷平生操善念。涖已廉。而行必以仁。宜獲子孫蕃衍之慶。而長胤叅贊公無嗣。次胤叅議公自腹中而盲。其子昌山君及其子亦皆盲於腹中。三代相繼如此。我仲氏文章學問。爲士林所服。然年纔三十而卒。其兩子皆得狂疾。信乎天道之難諶也。

俳諧

諺云。一日之患卯時酒。一年之患狹窄靴。一生之患性惡妻。又云。腹肥石墻。多語兒童。費手室婦。無所用。言雖鄙俚。亦是格言也。

俳諧

讀經盲類皆剃髮。世人稱曰禪師。有老盲金乙富。居廣通橋畔。以卜筮爲業。人爭問之。事多差違。婦人輩皆曰。廣通橋禪師言凶則吉矣。金叅判賢甫。其子赴試。賢甫取文草觀之曰。汝之文詞甚鄙。不得中選。及榜出。則其子高中。同僚笑曰。廣通橋禪師言凶則吉矣。

若問大小豆花色。則人皆曰。大豆花黃。而小豆花赤。此徒見其子之色而言之。其實小豆花黃而大豆花赤也。若問石菌附地之根。則人皆曰。蒙毛者在外而光皮者附地。此徒見光皮之和泥而言之。其實蒙毛者附地而光皮者在外也。若問鵲鳥之尾。則人皆曰黑。此鳥之兩翼叢尾而爲之黑。其實白也。大抵世人之以臆見事者。多類此。

同年申生。髯多而黃。體短背曲。然性度勤核。不少假借於人。嘗爲禮曹正郞。檢察伶妓太刻。妓皆作歌嘲之。又性惡蓴菜松菌曰。此物有何滋味。而世人嗜之。僚友皆笑之曰。申君不近人情者也。又聞鶯聲。乃曰好哉噓鳥之聲。僚友曰此是黃鶯。何謂噓鳥。申曰其鳴噓噓。此乃噓鳥。非黃鶯也。僚友皆笑其膠固也。時有作詩者曰。樹頭噓噓黃鳥止。尊茱松菌非我喜。紫髯曲脊小男兒。猶知檢察梨園妓。

朴塽

朴大提學塽。永同儒生也。少時肄業於鄉校。隣有吹笛者。提學讀書之暇。兼習笛。一鄉皆推爲善手。提學來赴擧於京師。見梨園善伶而校之。伶大笑曰。音節俚鄙。不中節奏。舊習已成。難以改轍。提學曰。雖然願承敎。日日往來不懈。數日伶聞之曰。先輩可敎。又數日聞之曰。規範已成。將至大達。又數日不覺屈膝曰。予不可及也。其後登第。又習琴瑟諸樂。無不精妙。遂知於　世宗。遂加擢用。爲慣習都監提調。專掌樂事。　世宗嘗作石磬。召提學校正。提學曰。某律高一分。某律低一分。更視之則高律有査滓泥。　世宗命剔滓泥一分。又於低律。更付查泥一分。提學啓曰。今則律正矣。人皆服其神妙。其子與於癸酉之亂。提學亦因是罷職。下歸鄉里。親朋餞于江上。提學匹馬一僮。行裝蕭索。共坐舟中設酌。摻袖將別之際。提學解囊抽笛三弄。然後而行。聞者莫不悽感洒淚。

余陪伯氏。將向開城。宿坡山別墅。月夜論話。偶及故都之事。余慨然嘆曰。松京吾祖宗所居之地。應有墳墓。伯氏曰。玄祖摠郎公葬昌寧。高祖文靖公兩位葬抱川。曾祖靖平公兩位。祖恭度公兩位皆葬果川。惟摠郎夫人吳氏墓在開城。嚴君曾言之。其時年少未及詳禀。平生大恨莫甚焉。今雖有葬處。歲月已久。丘壠已平。何由知之。明日渡洛河過壺串。路旁若見翁仲故塋。酸然語曰。安知不是乎。相與慷慨不已。有僕抱鞍籠前導。東行十里餘。出大路。復入山谷小蹊。伯氏曰此不類前日所行之路。回首望之。則距舊路數里。青郊驛渺然在西。始悟曰此是天水東麓也。迷路蒼黃踰登大嶺。身困下馬暫憇。俯見深谷有石碑。巋然立亂墳間。余欲往見之。伯氏以昏黑止之。余馳馬而至則即吳氏墓也。前面書三韓國大夫人同福吳氏之墓。後面書高祖及曾祖三昆季之諱。余邀伯氏四拜。伯氏嘆曰。此祖姑神靈。誘引我輩而來。不然何奇遇至此。於是良久嗚咽而去。未幾伯氏拜留守。時佐子强昆季。相繼爲京畿監司巡察使。至今蘋蘩之奠不廢矣。

蛙久旱無聲。得雨則聒。未知其然。周禮洒蜃灰以禳之。惡其聲也。孔稚圭比之兩部鼓吹。樂其聲也。今盲人讀經。專倣蛙聲。亦一種聲音也。

志怪

權姓宰樞。以文官顯於朝。父死將堀人塚墓而葬之。塚主曰。此吾父墓也。吾父官雖卑。意氣嚴毅。非尋常人。慎勿堀之。將必有害。宰樞不聽。竟堀其墓。剖棺棄尸。其子撫尸痛哭曰。英靈若在。其無報冤乎。其夜風水李官夢紫髯丈夫憤怒叱之曰。汝何奪

蔡壽成俔

我安宅。移給他人。禍根實在於汝。即以拳椹其胷。李痛胷流血須臾而死。未幾宰樞亦被誅。家門殄絕。人皆云。掘塚之過也。

辛丑年耆之磬叔以承旨得罪。俱罷職。將遊關東。白衣短簑。各率一僮而行。武官晦翁隨之。至抱川前溪夕飯。有一少年出自邨舍。踞坐磬叔之傍曰君等無乃永安道司直乎。吾欲買牛。磬叔荅云無牛。左右皆笑。至金化縣。縣監來訪于前路。欲邀入縣磬叔曰今日已晚。此去金城尙遠。四無人家。當從主人之言。耆之怒曰。始以足下爲信實。何料事錯誤如是。色悖而出。行十里餘。天欲暝。晦翁曰。永安往來人皆露宿於路。我雖不才。以弓馬爲業。何畏寇盜。欲止宿路上。磬叔曰。永安之人羣聚作隊。故宜宿路上。然多逢盜失物。足下雖恃勇武。豈以一身當衆乎。西谷亂松間。有細徑。或云人家。或云墳墓。磬叔曰。谷中幽阻。猶勝大道之傍。有家則借寓。無家則斫木爲柵何害。遂尋徑。而有小店。

有女抱兒當門曰。家無主翁。只有主婦。客不可入。俱坐前圃夕飯。山氣已昏不辨色。俄有一人騎馬而來。有狗隨之。稚子呼曰主翁來矣。女迎謂曰有客滿外。疑是寇盜。翁曰何許人。夜深而至必是荒唐。遂下馬嘔吐四顧曰。行有熊虎皮。必士族也。座中皆側帽無語。翁脫磬叔帽就視之。忽退縮曰。此成令公也。又脫者之帽視之曰。此蔡令公也。兩令公何以至此。詳問京中之事。始知其故。遂邀入室。張屏設席。乃曰。吾家甚貧。惟有粟濁醪。招赤脚漉酒貯瓦盆。又呼二女出拜。諸輩皆致敬。翁曰。吾之正妻無息。此皆取婢所生。置于二人側。各以次行酒。令者之奴吹笛。醉半酣。者之曰。欲執貴女手。未知主人意。翁曰。女雖俚惡。所以侍側者。欲助令公歡耳何爲出此言。者之就執其手。戲弄百端。屋低打頭不得起。皆坐舞以達曙。翁姓秦。時爲吏曹錄事。受由來鄉者也。至昌道驛。晦翁有病留數日。羣馬齕草。且多遺矢。驛卒持箒來掃曰。何汚我監司所坐之廳。其色甚惱。磬叔徐解之曰。勿怒。我三人中。若一人爲察訪。則當給汝暇。卒曰。豈有白衣細條人而作察訪者乎。若然則永安道載大口往來者。皆作察訪矣。人皆絕倒。行過新案驛。路逢一官人馳馹而來。皆下馬隱伏草間。官人問是何人彷徨不去。又見二女紫衣白裳。馳馹而從之。磬叔曰。此眞丈夫行也。余嘗歷鑾坡踐銀臺。多醉於粉黛紈歌之席。今日落拓如此。以我輩視彼。正如天上即也。耆之曰。予曾奉使關西。載雙妓而行。彼一時此一時。何羨彼乎。一行大噱。至和川縣。縣是淮陽屬邑也。晦翁口苦欲食豆粥。磬叔呼縣吏典衫求粥。吏云。吏家雖貧。豈有以粥換衫之理乎。日夕呈豆粥一鉢。淸蜜一盂。耆之取而盡食之。吏又呈一鉢。磬叔取而食之。晦翁只飲餘瀝。行踰楸嶺。至中臺院。適値風雨。寒氣凜冽如秋。先時發京時。磬叔不持襦衣。至是不耐其苦。亭中有一卒。持濁醪來勸。人皆惡其陋而不飲。醪叔倒一碗曰。着裌衣人。於風雨中飲此。亦不妨也。留通川數日。與郡守安國珍遊玩。南至高城郡。時洪子深爲郡守。遊三日浦。復遊東海溢烽火峯。奇景無雙。子深名其峯曰承宣臺。以所遊兩人曾爲承旨故也。捕海魚。劇飲大醉。郡守調五味子漿貯諸壷。磬叔從傍偸飲。晦翁見之。挈壷而走。磬叔持杖而追之。晦翁唾涎壷中。人不得飲。者之怒。遂倒壷而瀉之地。一壷之漿盡罄。至洛山寺。寺僧曰。聞行次將到廢寺。適有路人自扞城來者。問曰。承旨輩何處來乎。荅曰不見承旨。但見馬後繫簑衣客二三人來。必是江陵正兵也。今見君等皆繫簑衣。必路人誤見也。相與大笑。行至襄陽。遂還京。翌年壬寅。晦翁拜淮陽府使。三年癸卯。磬叔拜江原監司。

慵齋叢話卷之八終

慵齋叢話卷之九

中國風俗

我國與中朝不類。我人讀書。有音布釋口訣。故人未易學。中朝所言皆文字。無音釋口訣。故其學易就。我人奸巧多疑。常不信人。故人亦不信我。中朝人純厚無疑。雖與外人交賣。而不甚爭詰。我人雖臨小事輕躁喧鬧。故人多而不能就。中朝人靜默無言。人雖少而事易成。我人多食飲。苟失一時。枵腹無所措。細民貸於富屋。猶糜費而不知節用。以至於困。貴者多列酒食而不知厭。若起軍兵。則飛輓過半。行者出數里之程。而輜重塞途。中朝人不多食。一時所食只一燒餅。猶可度朝夕。不必啖飯。軍卒掛乾粮於馬鞍。以備飢餒。行者雖千萬里之遠。只齎銀錢。求飯即食。求酒即飲。求馬即騎。求僕即率。居有宇而宿有婦。故無難行之處。我人居官者。有早飯朝飯晝飯。或有無時會飲。侵軼僕隷。務要盛饌。句小失差。必加鞭扑。中朝人居官者雖公卿大夫。其家美備。飯肉一器。送于其司而饋之。我人出使外方者。則官吏迎送于境。先備酒食。其入邑也。邀留數日。大開宴席。務崇沉酗。無日蘇醒。因此得疾而廢者無算。其送別也。張幙於佳山勝水之間。挽袖不放。終日不已。故拙者耗敗官資。而日就頹廢。能者多營助利。而因售己私。官家日蕭。吏民日瘁。而不勝其苦矣。中朝人出使者。萬騎前導。節鉞輝煌。可謂盛矣。其入邑也。官吏拜于堂下。使人入房。只啖豚蹄糲飯。與伴從同宿一榻。明日即行。官吏出五里之外。餞三杯而送之。官吏欲修人情。私備酒食。稱下程而饋之。故使不留連。官無費物。而州縣常足也。我國人物。奴婢居半。故雖名州鉅邑。而軍卒鮮少。中朝則人皆國人。戶皆精兵。雖小小僻邑。數萬之衆。可以猝辦。我人輕佻不定。民不畏吏。吏不畏士。士不畏大夫。大夫不畏公卿。上下相陵思相傾軋。中朝則下民畏吏如豺虎。吏畏公卿大夫如鬼神。公卿大夫畏上如天。故莅事則能就。出令則易從也。

溫井

唐子西論湯泉記云。或說炎州地性酷烈。故山谷多湯泉。或說水出硫黃。地中卽溫。初不問南北。今臨潼湯泉乃在正西。而炎州餘水。未必皆熱。則地性之說固已失之。然以硫黃置水中。水不能熱。則硫黃之說亦未爲得。吾意。湯泉在天地間。自爲一類。受性本然。未必有待而溫也。今我國六道。皆有溫井。而惟京畿全羅道無之。古書云。樹州有溫泉。樹州卽今京畿富平府。朝廷曾已遣人尋踏。而未得其源。古書誤載歟。抑人亦惡之而塞其源歟。慶尙道靈山縣有溫泉。泉比他稍冷。浴者或燒石投泉而助熱。且倭人求浴者。絡繹不絕。縣惡之 啓聞。塞其泉源。東萊溫泉最好。有泉如匹練。從地湧出。引水作斛。其暖如湯可飮。亦可煖酒。倭人來朝者必求浴。班衣往來充斥。州縣不勝其苦矣。

忠清道忠州安富驛大道傍有温泉。泉微温不甚暖。温陽温井温暖適中。　世宗世祖屢親臨幸。其後貞熹王后亦幸。而薨于行宮。清州有椒水。水不暖。而其臭如椒。人言。善治眼疾。　世宗嘗親臨幸。其後　世祖幸福泉寺。過此駐蹕。江原道有三泉。其一在伊川縣之北深山裡。　世宗講武于古東州之野。因幸温泉。其一在高城縣屬邑古豙豰之地。即金剛山東麓。泉在大川傍。　世祖親臨幸焉。至今有御室佛堂。其一平海郡西白岩山下。泉湧山脊之高丘。温暖適宜。泉甚澄潔。僧信眉大搆室宇。糶糴米穀、施與往來沐浴人。至今猶舊。黃海道温泉最多。有白川大橋温井。有延安氈城温井。有平山温井。有文化温井。有安岳温井。其中海州馬山温井最奇。或有微温者。或大熱者。泉傍海。故其臭惡而其味鹹。野中有三十餘處。或貯爲池。或小爲泓。或於川底水熱難躡。或有濫泉濆出。熱泡湯沸。四面泥土因暖凝。

堅如石。試投菜莖。須臾爛熟。晨昏水氣蒸潤。滿野如烟。平地卑暖。如臥土床矣。平安道有朔州温井。有成川温井。又於陽德縣有温井。其水如沸湯。可燖禽毛。龍岡縣温井最奇。水熱。非剛忍者不得久入。引水貯斛乃得浴。泉井中有小穴。深沉無底疑與滄海相通。永安道亦有温泉之井。全羅道只有茂長鹽井。而無溫泉矣。以今觀之。溫泉多在北方寒凉深山窮谷之間。非由炎氣而成明矣。水性亦各有類。而其理未可測料也。

叔度放翁藩仲伯勝。皆有文名。少時放蕩不羈。時人謂之四李。嘗讀書于驪興神勒寺。做業不懈。將還京。府使設宴慰之。四李請曰。願載紅粧。泛舟中流。罄歡乃已。府使許之。四李爭擁紅粧於舟中。絲竹沸天。酗酒醉謔。篙工皆濡首不能省。四李自作篙工。因風順流而下。一晝夜達于漢江而罷。翌日雨水大漲。篙工群妓。飢困不能行。挐舟寸寸而上。五日始得到府。府使大怒。罰伶妓篙工而推訊之。則篙工皆犯群妓矣。放翁之婦翁姓朴者。性甚吝嗇。高靈有倉庚萬穀。而不能用。放翁與其友往取高靈倉穀。日椎牛馬爲樂。朴叟聞之。即往驅逐。放翁乃曰。明年若不登甲科。誓不還家。移寓晋州斷俗寺讀書。放翁已卯進士。而晋州亦有仝榜十餘人。備盛饌。大張絲竹於矗石樓上。曰大賓將至。群妓皆竚待日斜。放翁乘轎。與其友數人。直到樓中踞坐倚子。布衣麁黑。頭笠半破。身矮客瘦。殊無風彩。群妓驚曰。此是大賓乎。相與目笑不已。放翁傍若無人。大言曰。明年作及第壯元。後數年來作監司矣。留數日。極歡而罷。翌年甲申果擢壯元。後數年陞堂上官。來到晋州。身被紈縠。衣裳鮮楚。群妓皆歎服。或有垂泣者。今爲京畿觀察使。藩仲擢乙酉壯元。爲刑曹判書而卒。叔度登壬午科。官至知中樞。伯勝登丙戌、科。今爲僉知中樞。亦一時之豪傑也。

金君㦖知字謹夫。自開城來。寓崇禮門外賃人室而居。粗知四書三經。雖不能甚解。而無所不通。亦習擧子業。屢入初試。而竟不第。爲人純謹樂易。與人交際無忤禮。由是朝中名士。多與之交。家貧無僮僕。傭人僕婢爲妾。常聚閭巷小童數十隊。作長廊而居之。隨資之能否。分門敎誨。朝聚夕散。擇其中能者。以爲有司。又有直日。其法畧倣學宮之儀。如有不能誦者。慵慢不讀者。爭相詈罵者。無禮師長者。干到者。晩來者。直日書告有司。有司告于師。隨其罪之輕重而罰之。旬時又令作詩。第其高下。唱名於庭。人爭勸勉。歲時名節爭持壺榼而饋之。余與柳于後李叔度放翁李子犯柳貫之皆出門下。是時劉師德郭信民俞汝欽。亦皆敎誨。而不若金君之勤而嚴。朝廷嘉之。特授軍職。其後得爲宦官師傅。師傅之任。非徒敎訓宦官。而內宗親未出閤者。皆從受訓。　世祖召講書。金君能通其義。隨問隨對。皆適於宜。

傳曰。此人非他師傅之比。眞可用之才。特賜銀帶。拜長興庫主簿。 成宗與月山大君。亦嘗受誨。及卽位。恩眷甚隆。陞拜宗廟署令。自爲朝官以後。不復敎訓童儒。常與士人遊。樽酒談會。無虛日。人皆傾慕。年七十。官至通訓而卒。無子。金友臣趙崙李思剛等亦以宦官師傅。輔佐聖躬有功。崙思剛拜東班職。友臣陞堂上。至拜戶曹叅議。崔僉知勢遠博通經史。年過四十。尙未第。 世祖爲領議政時。德宗爲桃原君。擇醇儒有名者傅之。僉知以衆薦。得爲伴讀。朝夕輔翊弘多。 世祖登極。德宗爲世子。僉知登丙子科。遊街之日。天童皆自儲宮備給。宴三館之時。飯監各色掌皆執饌物。其榮至矣。 德宗早薨。僉知因例升遷。拜堂上官。然自此困於軍職。上書言輔佑 德宗多蒙恩眷等事。成宗不省。以爲希寵。竟不擢用。僉知憾恨而終。由是觀之。時之遭不遭。仕之得不得。皆天也。

成均闕戲

每歲夏冬。成均館儒生。書紙爲闕字。尊孔子爲王而奉之。以東學爲復聖公之國。南學爲述聖公之國。中學爲宗聖公之國。西學爲亞聖公之國。如諸侯之仰天子。以館中上下舍之人。注百官之職。吏曹掌銓選。辨別賢否。擬奏悉當拜承旨者。設銀臺宴。人姓有涉孔字丘字者。皆注宗正之職。如有不遜者。以細條帶乍鏁鎖項而來。囚于房板下。命義禁府提調推之。甚至橫逆者。作草人像斬之。其遷都則闕字初寓東齋。陞明倫堂。頒赦後寓于西齋。爲宰樞者。畫紙爲帶。或付麥草爲金。剪白紙付于網巾。謂之玉貫子。爲將者。剪紙爲羽。挿于笠上。作戎服狀。四學遣使來朝以鷄爲海靑而獻之。禮曹宴來使。饋一杯酒。肴用熟豆。令齋直小兒擊鼎盖歌而侑之。名曰動樂。館亦遣使于四學。謂之天使。其學以布衣紬衾裹室柱。以爲結綵而迎之。昔尹深上舍爲天使。褋着衣之紅裏者。騎竹過市。人爭笑之。深揮手作漢語狀。傍若無人。專不愧耻。釋奠祭一日。抽名作三公。其餘上舍皆以別名封伯。下齋亦皆拜職有差。四學儒生來助祭者。則以諔詭爲題。使之製述。第其高下。名曰天場及第。唱榜於庭。大書政草。布於大成殿庭。獻官先生皆聚觀之。與朝廷無異。　太宗朝有內宦見遷都之事。馳奏曰。成均館儒生謀叛矣。　太宗詳問其由。傳曰。此儒生古例。其來已久。其勿更言。余昔居官少時。亦嘗爲之。己卯年遷都詔文。論東都之惡曰。崔蓋地而險阻。池達河而圮毀。孟智懷犬豕之心。良謹肆豺狼之暴。替西都之美曰。岩廊之間。良奭濟濟。洙泗之上。楊柳依依。於戲曰。谿培千齡之運。永孚萬年之休。上舍任孟智別名犬。鄭良謹別名女眞。又有崔蓋地池達河朴岩臣鄭良鄭奭崔濟崔洙楊守泗柳宗溶權依李谿培全永孚吳萬年尹齡。皆川儒名也。

僧敎

文武科一時同榜者。謂之同年。雜科及僧試禪者。亦謂文武爲同年。盖授而倫之也。共試法。禪宗講傳燈拈頌。敎宗講華嚴經。各取三十人。前者內侍別監奉命而往。今則禮曹郞廳往。宗與判事。掌務傳法。三人證義。十人同坐試取。納賂于判事證義者入格。否則雖有能名者不得入。其循私多欲。甚於世人。入格者謂之大禪。禪宗則自大禪升爲中德。自中德升爲禪師。自禪師升爲大禪師。拜判事者謂之都大禪師。敎宗則自大禪升爲中德自中德。升爲大德。自大德升爲大師。拜判事者。謂之都大師。兩宗分掌內外諸寺各十五許。升中德者。注差注持禪。敎宗備三望。呈于禮曹。禮曹移于吏曹。入啓受點。

世宗揀集賢殿儒臣。申高靈等數人。賜暇讀書于津寬寺。其後洪益城徐達城李明憲等數人。讀書于藏義寺。 世祖革集賢殿。摩儒臣有名者。謂之兼藝文。無其司而只令詣闕。或論治道。或。議政事。由是多有擢拔之者。 成宗復設弘文館。蔡耆之許獻之曹太虛權叔强楊斯行俞克己等。受命讀書于藏義寺。舊有僧舍在南湖歸厚署之後岡。世稱十六羅漢有靈驗。香火不絕。有僧尙雲居其舍。聚妻生子。憲府鞫之。罰僧還俗。移佛像于興天。遂以其舍給弘文館。分番讀書。名曰讀書堂。朝士遊覽者。多持酒往訪。　上亦屢賜酒食。設宴慰之。至今不替。

城外三面。有四大院。　世祖命僧之有才幹者修之。普濟院在東大門外。三月上巳九月重陽。賜耆老宰樞宴於樓上。洪濟院在沙峴北郊。郊中有高丘。蒼松滿其上。上有小亭。天使入京之日。留連改服於其亭。其後亭毁。今則天使止院矣。濟川亭在漢江北岡上。風景絕勝。天使遊觀者。先上此樓。縉紳迎送客者。日日坌集。沙平院在漢江之南沙郊。地勢汙下。惟行人之因暮不能渡江者止宿。楊花渡北岸有喜雨亭。是爲孝寧大君之第。而後爲月山大君所有。　成宗每歲觀稼及聚稅艦習水戰之時。

地抑

親臨幸焉。改名曰望遠亭。御製詩數首。命朝臣有文名者皆次之。龍板環掛亭上。自大君卒後。 成宗不復幸亭。而屢幸濟川亭。以亭狹隘。命改營之。有僧曾搆箭串橋。伐萬石越大川作橋。橋跨三百餘步。安如屋宇。行人如履平地。而 成宗以爲能。命其僧搆之。欲不煩官力。而多給米布。僧費用而數歲無功。纔立棟宇。而 成宗竟未登御。百寮悲痛。其後天使王獻臣來。朝廷畢修而加丹雘焉。其後箭郊作大橋。名濟盤橋。又搆東大門外往尋坪大橋。名曰永渡橋。皆御筆所定也。

柳文陽嘗曰。六曹之中。淸簡莫如禮曹。予今爲判書已五載。而猶不知厭。然只有三難。禮儀使一難也。倭野人接待二難也。諸學取才三難也。

高麗

高麗恭愍王値紅賊之亂。南幸淸州。至元岩驛。其時杏村李侍中嵒漆原尹侍中桓瑞谷廉侍中悌臣唐城洪元哲壽春李壽山啓城王梓檜山黃石奇。皆年高德卲。共稱七老。宴集詩曰。碧玉杯深美酒香。嵇琴聲緩笛聲長。箇中又有歌喉細。七老相歡鬓似霜。黃石奇之辭也。辭雖不妙。想見一時諸老之氣像也。

獨谷與騎牛李先生相好。一日往訪不遇。書于門扉曰。德彝不見太平年。八十逢春更謝天。桃李滿城香雨過。謫仙何處酒家眠。又於少時。趙侍中邀座主開讌。獨谷即於席上作賀詩曰。得士方知座主賢。侍中獻壽侍中前。天教好雨留佳客。風送飛花落舞筵。左右皆歎服。昌寧府院君聞而責之曰。士之忌才。甚於妬婦。汝何不讓。敢先賦之。其不思保身之術乎。當時叔季人多忌才相害。故其言及此。

金文平文章雄渾。泛駕縱橫。專倣司馬子長之軌。擧世無與支吾。而其詩亦豪健深得骨髓。然性不拘檢。押韻不正。故皆謂詩不如文。其實詩文兼贍也。擊瓮圖詩云。瓮中天地忽開豁。山川品物同昭蘇。沈中樞山齋詩云。柴門不整臨溪岸。山雨朝朝看水生。龍宮軒題詩云。痛飮百杯樓上臥。捲簾南北是靑山。又題山寺云。窓虛僧結衲。塔靜客題詩。此皆得意外之趣。非人所能及也。

宋斯文容貌寢陋。擧止麤拙。長髯蓊茂。眼眊斜視。自登第以後長年爲外方敎授。得遞又爲惠民署敎授。專掌敎訓醫女。醫女揀各司年少婢子爲之。靚粧嬌貌。爭來問字。斯文處其間。如老熊蹲坐花林中。其所居亦寓於樂院之側。日日往來。有僚友相逢。問向何處。斯文高聲詠曰。居鄰掌樂院。職帶惠民署。朝從花柳地。又向花柳去。聞者齒冷。

耆英

朝廷每於三月上巳九月重陽。設耆老宴於普濟樓。又設耆英會於訓鍊院。皆賜酒樂。耆老宴則前御堂上往赴。耆英會則宗宰年七十二品以上。及正一品以上。及經筵堂上往赴。禮曹判書以諸事考察押宴。承旨亦承命而往。分耦投壺。不勝者取觶與勝者。揖而立飲。奏樂章以侑之。遂開宴。大張絲竹。各以次而傳觴。必醉乃已。日暮扶携而出。得與是會者。人皆榮之。

朝廷待文武之士如一。春秋上丁。釋奠素王。翌日設飲福宴。議政府六曹堂上郎廳凡于文臣者。皆往叅焉。而訓鍊院員亦與焉。春秋祭纛。翌日設飲福宴。賜酒樂。議政府六曹堂上往叅。而成均館員亦往焉。文武南行員。呼先生爭相勸酒。以至濡首。每歲上巳重陽。設儒生科試。居首三人。許赴會試。又設文臣課試於議政府。居首者加資。而政府六曹館閣堂上與焉。又春秋設武都試。初終塲賜酒樂。政府六曹都摠府堂上官與焉。而其餘日則堂上各一員叅焉。中一等者。不論多小加資。其餘給什。大抵宴品同。而文武如一。然樂赴訓鍊院。憚往成均館者。無他樂武之放蕩。而惡文之禮法也。 成宗聞之。乃於文武宴會之日。

命政府六曹堂上全數往參。初則盡往。其後稍疎矣。

世宗甲寅年設別試。出榜之日。上舍朴忠至縮縶在家。伻僕往觀榜目。舍倚而待。日夕其僕緩步而還。不措一言。坐莝馬芻。上舍膽落而臥。徐顧問曰。榜無我名乎。僕曰中則中矣。殊無光彩。上舍問何爲。僕曰崔恒氏爲壯元。而上典爲末坐。上舍勃然變色大罵曰。唉老賊。是余所嘗欲者也。崔年少幼學。朴年長生員。其僕以末坐爲愧。而上舍以末坐爲幸也。

成均

成均館上下齋各五十人。東西摠二百人。下齋以四學儒生取才者充之。東西各三人。許納米而饌則官給之。名曰私糧。寧城以私糧居館。是年別試。三館拒私糧。使不得赴試。寧城上表云。食雖有公私之分。學亦無彼此之殊。得人試塲。塲中老上舍嘲之曰。何處皮闖子。如此縱横乎。寧城答曰。汝父闖鐵乎。竟擢壯元。官止領相。勳業冠一代。

太宗丙申年重試。吏曹正郞金赭與兵曹正郞梁汝恭。同入試場。梁能文而金豪俊。梁日夕成篇。金謂梁曰。汝以鄕生得爲兵曹郞官足矣。就奪卷子。改書名而呈之。金遂擢壯元。

世宗丙辰年別試。初用書疑。卒用對策。尹鈴平出自紈袴。拙於擧子之業。偶因觀光。隨朋赴試。賴朋徒得中出選。至殿試之日。朋徒困於自作。未得助力。鈴平持草紙不措一辭。日夕飄風亂起。有書草吹落於前。鈴平遂取而書呈之。擢壯元。書草即上舍姜曦所作也。姜於己未年別試。得中第一名。

叔度自大憲移拜成均大司成。禪路遠戲曰。司成者儒生儀表。當以經明行修者爲之。我有何才而得授此任。崔敬禮居泮宮之側。能誦禹貢一篇。是亦可爲大司成。有才而居近。有何不可。敬禮武人。少時只誦禹貢而已。時人聞叔度之言。無不見齒。

猶子士衡性度寬緩。嘗夜與室人同臥。適士衡睡覺。有婢入室。

坼囊取米而去。翌晨室人檢囊而知之。歐打婢僕。士衡臥不起。莫問其事。徐徐而言曰。我知盜矣。亦無所言。室人曰。如有所知其陳之。士衡曰偸米者婢某也。取幾斗矣。室人大罵曰。其時何不言之。士衡笑曰。恐驚君寢。故不言耳。人雖笑其不言。而樂其眞率無他也。

筆法

善書爲難。而題額尤爲難。以趙子昂之筆法。其題額則推讓於李雪菴。況不及於子昂者乎。我國恭愍王所書江陵臨瀛館安東映湖樓。眞老健非凡人所及也。而江陵館近被爇攸失其額。可惜也。余嘗到開京安和寺。見殿額。則宋徽宗所書。而門額則蔡京書也。雖皆君臣之失道者。然其年代之遠。筆跡之妙。則可寶也。庶人瑢書。大慈菴海藏殿白華閣之字。蕭然有飛動意。亦絕寶也。今之慕華館申提學所書。雖不及瑢。而亦有可觀。我伯氏所書景福宮門殿之額。專倣雪菴。縝密有法。人皆美之。鄭國醫所書昌德宮諸殿諸門額。字体不正。多有舛錯處也。

許文敬公操心清厲。治家嚴而有法。敎子弟皆用小學之禮。毫忽細行皆自謹。人言許公平生不知陰陽之事。公笑曰。若我不知陰陽之事。則詡訥從何而生。時有欲革州邑娼妓之議。命問於政府大臣。皆曰。革之可當。惟未及於公。人皆意其猛論。公聞之乃笑曰。誰爲此策。男女人之大欲。而不可禁者也。州邑娼妓。皆公家之物。取之無防。若嚴此禁。則年少奉使朝士。皆以非義。奪取私家之女。英雄俊傑。多陷於辜。臣意以爲不宜革也。竟從公議。仍舊不革。

高麗

遁村先生以文章著名於世。所交皆一時英傑。嘗誹謗世事。語觸辛旽。旽欲陰中之。先生奉父逃竄聞。仝年崔元道居永川。遂往投焉。元道供接甚厚。三年不許出。適先生之父死。元道備殯歛諸事。一如其親。令葬於其母墳側。作詩贈之曰。慷慨傷時淚滿襟。流離孝愻達幽陰。漢山迢遞雲烟阻。羅峴盤回草樹深。天占後先雙馬鬣。誰知君我兩人心。願焉世世長如此。須使交情利斷金。至今人皆稱其信義。羅峴即葬母之處。龍虎爲道中第一。其後崔氏微。而李氏貴盛。說者云。客奪主氣也。

匠作之任雖賤。然性巧者爲之。故世亦罕有其人。國初宦者金師幸。世宗朝李蕆蔣英實蕆。官至二品。其後金雨畝李命敏。命敏監造昌德宮仁政殿。死於癸酉之亂。世祖朝金漑嘗爲提調。近者金克鍊林重爲監役。今則金靈雨李止堈能其任。

盧宣城與僚友觴飲。叔度因醉豪語。旁若無人。次公曰。汝之氣像。正似樊噲。叔度曰。樊噲漢之名將。汝之譬喩正當。尤揚揚自得。以噲自處。次公曰。噲可斬也。叔度無言。滿座絶倒。

安中樞栗甫。其性愛友。團圞於杯酒間。醉則執友手相戲謔。嘗爲禮曹正郞。因公事謁判書洪仁山。仁山設酌。二公皆善飮。終日沉酗。有佳兒傳觴。乃仁山所鍾愛者。中樞仰執其手。佳兒驚起。衫袖斷絕。中樞趨出。仆臥庭中不省人。忽値驟雨衣盡濕。仁山戒僮僕勿收。日暮狠狽還家。仁山送衣裳曰。天雨無情。汚瀆貴服。實由我勸酒之故。備呈一件。且佳兒斷袖。君自償納。中樞問知其故。大驚曰。無禮於堂上。何顏自存。意欲掛冠而去。仁山聞而固止之。中樞進其第謝罪。因又設酌。劇飲大醉復執兒手。仁山大噱。安公風情絕世無雙。士林傳以爲笑。

李廣城文章經濟之才俱贍。常自稱國士。其品藻人物少許可。獨與伯氏爲刎頸交。廣城爲都承旨。伯氏爲右承旨。廣城愛一角妓。蹤跡詭秘。伯氏尋知所往。作詩云。衙罷歸來日欲低。名花國士兩相携。誰家巷裡藏車駕。司醞東邊禮部西。潛以詩付其壁。廣城見之。裂取藏袖裡。自是尤以意氣相許。及廣城遞任。世祖問代君者誰人。廣城啓曰。無如成某之賢。伯氏超拜都承旨。

姜公子平與宣城相友善。宣城之子希亮爲都承旨。姜公爲右承旨。一日宣城微服乘昏往姜第。投名曰。都承旨來矣。姜公整冠帶趨出而拜。宣城大笑。姜公起立。即解冠服曰。我爲老翁所誣。時人謂。禮於子而不禮於父。交情名位不同故也。時人宜之。」

魚孝瞻

魚判院蒞事堅確。嘗爲內資判事。孳養公雞。有仝僚副正。邀客無饌。烹一雞。公知之。每朝司員會處令吏讀司中會計。末言偸雌雞一首。副正喫破。日日如是。副正出跪曰。下官必當償納。公曰非有他意。欲知去處耳。公爲刑曹叅判。出官之日。有吏索附根祭需。公曰。附根是何物。取附根來。吏不得已撤紙錢拜曰。此非我過。乃魚叅判之過。公即盡燒之。公爲工曹叅判。工曹無事閒官。前此堂上每一月只一二仕耳。公每日仕曹。辰往酉罷。曹郎不堪其苦有怨言。公曰。居官理當如是。萬一有不虞　啓下公事。何以答之。雖清明之日。必持雨具。人有笑其固執。公曰。天變無常。安知今日有雨。

金賢甫容貌瘦弱。其友魚子敬識之曰。賢甫曾以書狀官赴燕。中路誤報訃音。擧家痛哭。有一奴擗踊門外曰。惜哉容貞。不知其奴以何心而美其貌乎。賢甫爲假司饔提調。子敬云。賢甫於御宴之日。參司饔差備。歸謁慈堂曰。今日有大喜事。慈堂問何故。賢甫答曰爲司饔提調。慈堂問何官。答曰其任擎捧御饌。專掌宴享。必擇風儀雄偉者爲之。慈堂驚曰。家門所爲之事。昨夜夢見汝父。將有喜慶故來見也。其父中樞公貌寢。故子敬識之如此。賢甫爲都承旨。 御賜羊角金帶。其帶腰廣博。子敬曰。君當什襲珍藏傳子孫。後世子孫不知君貌者。當云我祖横此帶。必是容貌四隅春盤。言豐滿也。

竺山君與正郎閔輔翼同門。門不論晝夜相逢必置酒劇飲。脫巾露髮。日以泥醉爲期。閔得疸疾。其面如墨。猶飲不已。予每責之。閔到司中。潛索酒曰。勿使判書知之。未幾而死。竺山傷歎。閔亡逝隔數日卒。竺山純謹宗人。閔亦文學名儒。不能愼酒。相繼淪沒。酒之禍人也深矣。

慵齋叢話卷之九終

慵齋叢話卷之十

河崙

河浩亭爲醴泉郡事。盡私郡妓。縱淫無忌。當殿最之日。都事論駁浩亭之咎。將置下考。時金湊爲監司。止之曰。觀河氣像。非久屈於一邑者也。姑且勿論。遂居上第。其後湊與於定社之亂。勢甚危急。湊妻跪於浩亭馬首曰。我是金某妻也。浩亭力救得免。」

河浩亭爲忠清道觀察使。 太宗時爲靖安君。往餞于其家。群客滿座。 太宗就前行觴。浩亭佯醉傾覆饌盤饌湯。汚濕御衣。太宗大怒而起。浩亭謂座客曰。王子怒去。須往謝罪。遂隨而行。僕從告 太宗曰。監司來矣。 太宗不顧。至大門下馬。浩亭亦下馬。入中門。浩亭亦入中門。入內門。浩亭亦入內門。 太宗始疑之。顧問曰。何爲。浩亭啓曰。王子事危矣。所以覆盤者。將有傾覆之患。故預告之也。於是引入寢室間計。浩亭曰。臣受王命。不可久留。安山郡事李叔蕃率　貞陵移安軍到京。此人可屬大事。臣亦往鎭川留待。事若成則急召臣。浩亭遂行。　太宗召叔蕃告之故。叔蕃曰。易如反掌。何難之有。遂率　太宗。率宮中僕從及移安軍。先奪軍器監。被甲持兵。而出圍景福宮。　太宗張幕於南門外坐其中。又設一幕於其下。人未知誰人之座。及浩亭上來居其中。人皆知。不久作相。其定社之功。皆浩亭與叔蕃之力也。

壬午年及第放榜後謝恩之日。　世祖欲於後苑引見新恩。令遊街於苑中。兼賜優人布物。預備以待。大抵謝恩日。則兩榜俱會。文科壯元家。一時詣闕。又翌日兩榜會。武科壯元家。一時詣
聖例也。是日兩榜會。壯元柳自濱家。設酌留連後詣闕。承旨亦不以時入啓。日高猶不得入。俄而天威振動。　傳曰。其奪擧子紅牌削榜名而黜之。衆皆色墨。罔知所措。叔度曰。君輩何怯也。

豈有人主取人而還奪之理乎。縱被還奪。男兒窮達有命。何屑屑於懷抱。專不畏懼。人皆服其量。自內傳聞新恩晚來之故。政院啓云。曾壯元家。一時詣闕。故如此遲緩耳。 傳曰。早徃壯元家十人。特許遊街。其餘皆付法官推考。予得預早徃之列。三日遊街。

俳諧

弘文館新屬書吏金順江。癡騃莫甚。直提學李佑甫問曰。汝居何地。吏曰居江東矣。又問曰汝知項羽乎。吏曰我知之矣。又問曰何以知之。吏曰我之祖行也。提學恐動之曰。項羽謀逆伏誅。其子孫多有逃網者。朝廷未得其人。汝是羽之苗裔。我將告官而殺之。吏攢手丐命曰。僕若未免於罪。寧於此處受罰。愼勿告官。左右大噱。名其吏曰項孫。

余與金世勣同爲承旨。其善射一時無敵。擢武科壯元。遇知於
成宗。遂至大用。其在家。請弓人造弓。無虛日。弓揷架上。常若

世祖

宗室

手未觸者數百餘丁。在官亦然。每倚弓於壁。手撫玩而不暫停。如有小暇必出射候。否則射的。遇雨縮坐貼小紙於壁。用小杻弓射之。其用力勤苦。故終日射而不出鵠。尤善射獸。發無不中。成宗寵愛無比。令京畿監司日惠肉物於其父母。受橫賜亦無算。雖戚畹勳舊不能及。年未四十。官至二品。其父母有病。金徃訪之。染病而死。以獨子。身亦無子。人皆惜之。

世祖愛篤臣隣。引接無虛月。或御思政殿。或御忠順堂華韡堂序賢亭。冬則御丕顯閣。雖康寧殿紫薇堂養心堂內壺深密之地。外臣有時得入。永順君龜城君河城尉　君爲四宗。新宗君居平正進禮正金山正栗元副正堤川副正鵠城正等爲射宗。又揀文臣數十人。名曰兼藝文。或講論經史。或問經國大猷。又召武臣。射帿射的。能者不次陞職。或賜御饌。以褒奬之。人皆勉勵至有超秩擢擢者　上多與羣臣爲戲。令射宗或捉鼠。或捉蜘蛛。或隨　上意所向。摘樹葉菜莖。能中者賜物。余於其時。以史官兼藝文。日日入侍。　上於盛夏。閉窓御襦衣。張火爐於房中。藝文諸儒坐於庭中。終日爲畏景所曝。不堪其苦。　傳曰。能耐寒暑。然後可任大事矣。晩年玉体違豫不能寐。或召儒臣講書。或引雜類崔灝元安孝禮等。各以其術相鬪。口角流沫。有時攘臂詬罵無所不至。　上亦連晝夜。憑几而聽之。二人驕傲望恩於不下。灝元私謂孝禮曰。吾之承旨汝之僉知何其遲也。聞者無不掩口。聖主雖因破寂而召進。其實以俳優畜之。而二人仰希大用。時議鄙之。

分院

人之所用陶器最緊。今麻浦露梁等處。皆以陶埴爲業。此皆瓦器缸瓮之類。至如磁器。須用白土。精緻燔造。然後可中於用。外方各道。多有造之者。惟高靈所造最精。然不若廣州之尤爲精也。每歲遣司饔院官。分左右邊。各率書吏。從春至秋。監造而輸納于御府。錄其功勞。而等第之。優者賜物。　世宗朝御器。專用白磁。至　世宗朝。雜用彩磁。求回回青於中國。畫樽罍盃觴。與中國無異。然回青罕貴。求中國亦未多得。朝廷議曰。中國雖窮村茅店。咸用畫器。豈皆回青所畫。應有他物可畫者。訪於中國。則皆曰此土青也。然所謂土青者。亦未求得。由是我國畫磁器尠少。

禮曹

今禮曹是古三軍府。鄭三峯。掌軍國重事。見議政府所搆之制。乃曰。政府軍府一体。遂依其制而搆之。屹然東西相對。其棟宇宏壯。非他官府之比。其後革三軍府。而置中樞院。不任軍務。以禮曹掌五禮。且接異國之使。其任重大。以其府爲禮曹。而中樞院反寓曹之南廊。

景福宮西邊多水脉。慶會樓池水。雖古之昆明太液不能過也。

西門外有泉濫出。清冷如氷。人皆染藍。故謂之藍井。禮曹之井。

慵齋叢話卷之十　　

亦澄澄不竭。流爲大池。雖盛旱如舊。池南尺地。斗入中樞府。沮洳荒穢。今　上已未年樞府啓曰。犬牙入吾司。宜割爲吾池。禮曹曰。外吏接待之處。不可狹隘。相爭不已。　上命承旨內豎等審之。割分與之。樞府鑿其池爲西池。改搆大廳。連廳作西軒。樹石柱於水中。彫闌影落波上。西望峯巒崷崒。人家甲第。樹木葱鬱。風景甲於都中。其下司憲府占兵曹刑曹工曹掌隸院皆有池種蓮。東邊議政府吏曹漢城府戶曹。雖有池。不如西池之盛」

世宗設造紙署。監造表箋咨文紙。又造印書諸色紙。其品不一。有蒿精紙柳葉紙柳木紙薏苡紙麻骨紙純倭紙。皆極其精。所印書籍亦好。今則只有蒿精柳木兩紙而已。咨文表箋之紙。亦不類昔之精也。

掌樂院

成宗始置樂院兼官。余與伯仁者之兼僉正。任興兼直長。與自少學樂。精於絲竹。以豪俠擅名。其別墅在陽川金浦之間。搆亭江上。月夜乘舟。上自漢江。下至祖江。或上或下。聲妓數姿常隨之。與自彈琴。妓倚歌而和。見者以爲神仙中人。及拜直長。年已五十餘。人皆慮其不來。命下之日即出仕。累年在樂院。陞拜主簿。年老髮素。猶忍病而行。伯仁問曰。以子之豪富。終身老於粉黛。縱意而遊。有何不可。何辛苦陸沉如此。與曰。少無父兄之教。結髮以酒色爲業。中年樂極。惟意所適。年漸老志漸怠。粉黛反無味。江湖亦無所翫。及登仕版。與縉紳朝士相友。仕罷相尋杯酒相會。團圞談話。其味無窮矣。余曰。此言誠是。朝中之士樂慕江湖者。無他。飫於紅塵也。江湖之士飫江湖而慕朝者。亦猶是也。以此易彼。其趣一般耳。與深以爲然。

蠶室

東蠶室在城東峨嵯山下。 宦官主之。今又設新蠶室於漢江下圓壇洞。亦令宦官主之。而西蠶室在城西十里餘。即古衍禧宮。置別坐二人專任之。其後別坐移屬尚衣院。夏則養蠶。蠶畢仕于本院。東西各繅絲納于承政院。校功多小而賞罰之。南江栗島多種桑柘。年年摘葉飼蠶。古者京中巨室。只三四家養蠶。今則非徒巨室。雖匹婦小店。無不養蠶。桑葉極貴。多有種桑獲利者。

諸祠

祭壇。社稷爲重。在城中。其在城外者數處。先農壇在東大門外普濟院東洞。有觀耕臺。 成宗親耕籍田。屢臨幸。正月用樂祭之。先蠶壇在東小門外。三月用樂祭之。圓壇在漢江西洞。 世祖嘗幸祭天。風雲雷雨壇在青坡驛洞亂松間。二八月用樂祭之。厲祭壇在藏義門外藏義寺洞。漢城府主而祭之。馬祖壇在城東之郊。司寒壇在東氷庫。藏氷時祈寒而祭之。龍壇在漢江上。旱則沉虎頭。祭而祈雨。每歲抄禮曹同奉常寺提調。看審啓達。有缺則修治。

俳諧

世祖每召宰樞及文武士。講論治道。日以爲常。一日 上久出御。臣隣咸聚慶會樓下待命。崔君漢良欠伸而起曰。久不騎馹。襟懷湮鬱。鄭國馨曰君知奉使樂乎。漢良曰。奉使之樂雖多。而離別之苦亦深。當春風佳節。騎駿馬馳入名州。左右長松高構交蔭大途連十里餘。半臂青衣羅匠。雙雙前導。笳角聲交戛。馬騰驤不止。郵夫牽轡而走。至大門外。螺鬟數十隊。俯伏道左。或有擡頭仰視者。予於是時。佯若不顧。下馬而入寓上房。私心默念曰。今夜何人件寢。有妓奉茶果盤來進。予亦念曰。此人是乎否乎。將信將疑。俄而主官來訪叙寒暄。坐東軒設酌。互相酬酢。予起行酒。有妓擎盃而入。其人麁惡。不愜於心、則憤悒無聊。邑中山川皆無色。見左右之人。皆欲棒而毆之。其人姣好。若協於心。則主官舉動。皆若龔黃所爲。屋上之烏。亦有可怜之意。數日留連。晝則困於杯酒。夜則困於衾席。心神恍惚。私自念無已太康、久留當生病矣。於是始有離訣之心。枕臂嗚咽目盡、腫。主官張席門外。離歌數闋。挽袖勸酒而送之。不得已升馬而出。仰視天日黃無光。馬上昏睡。半醒半夢之間。其人微笑。飄然坐道傍。揩眼而視。則黃茅藪也。其人又坐道傍。揩眼而視。則栗木藪也。滿耳風聲水聲。皆是歌管之音。日暮投驛。烟生鼠穴。雀噪松簷。頑僕開籠布席。予支頤而坐。萬端愁懷。其可量耶。國馨曰君知奉使之苦樂矣。男兒到處行樂。何必外方。予於冬時。擁黑貂裘。冒青氈帽。騎紫花叱撥。臂銀色良鷹。黃狗數隊隨之。後載姬妓而行。登山逐雉。鷹攫雉落于馬前。人爭聚集。坐澗曲燒枯搆炙雉。姬以銀瓢酌酒而勸飲。下至僮僕。皆沾餘瀝。日夕歸來。飛雪撲面。半醉攬轡而還。此眞行樂趣也。李君壽男曰。我則仕罷後。尋友人宴集處。挾妙妓而坐。多般戲弄。夜深先出。與妓同歸。或往妓家。或往所知人家。雖無衾枕。兩人解衣同臥。其樂何極。日日如是。每易他人。若以佛法言之。來生願爲壺串牡馬。領數十牝馬。恣意遊戲。此予所樂也。金紐子固曰。予則不欲歷訪友人。予家足以容客。予財足以辦宴。每於花朝月夕。邀佳賓良朋。開樽置酒。李亇知彈琴。都善吉唐琵琶。宋田守鄉琵琶。許吾吹笛。駕鴻鑾輕千金唱歌。黃孝誠從旁指揮。或獨奏或合奏。於是與客酌酒相酬。縱談占聯。此予所樂也。達城在傍聞之曰。崔君放蕩也。鄭君豪傑也。李君潘慝也。金君跌宕也。又問左右曰。諸君亦有所樂乎。權瑚不器曰。予生長鄉里。以獵魚爲業。與三四友輩。往川澗。以長網遮流上下。解衣短袴親持小罟。縱橫驅魚。隨入隨擧。銀鱗翻閃於網上。於是採麥田藾蒿。又取蓼實。燒醬漉芥。或作膾。或烹脈。如塡塹。枵腹忽果。此予所樂也。達城曰閑適也。俞司藝希益。最後對曰。予之所樂。異乎諸子之撰。當日長夏節。坐栗樹陰下。清風自至。鋪席其中。讀周易庸學。此予所樂也。達城曰。正則正矣。男兒生於世。安有如此困苦乎。滿座大噱。是時南悌子順。以書篆被召在側。方書圖篆。驪城君閔發贊之曰。以如白雲之帿。倚張於青山綠樹之間。挾四矢而入。射帿如注。終日矢不墜地。予所能也。有封豕。鳴牙於葦蘆叢間。馳馬而入。一箭而殪。予亦能也。苦熱登樓。調冰沉飯。加以豆屑。一鉢健倒。予亦能也。如此書字妙技。雖經百死。予不能也。

巴山君趙得琳。問於姜晉山曰。吾欲名齋。大人試名之。發曰齋名軒號。有文雅儒士所爲。汝亦欲名齋乎。顧謂晉山。大人若欲名齋。當用槐字。滿座無不絕倒。

奇宰樞虔平生。不食鰒魚。人問其故。宰樞曰。曾爲濟州牧使時。見民困苦採捕。故不食耳。金賢甫不食牛肉。僚友問曰。昔何食而今何不食。賢甫曰。曾爲奉常正。因會飲得罪。自後不食此肉矣。此雖人所難爲之事。而未免有矯揉之獘也。

成謹甫在時。編東人之文名曰東人文寶。未成而死。金季醞踵而成之。名曰東文粹。然季醞專惡文之繁華。只取醞藉之文。雖致意於規範。而萎薾無氣。不足觀也。其所撰青丘風雅。雖詩不如文然。詩之稍涉豪放者。棄而不錄。是何膠柱之偏。至如達城所撰東文選。是乃類聚。非選也。

俳諧

崔勢遠少時。以上舍居舘。有上舍金亢信。網巾不整。金伯衡眼眊斜視。勢遠戲作句曰。旣着頭又着面。金亢信之網巾。似看東實看西。金伯衡之眸子。上舍郭承振別名鬼。勢遠作郭鬼賦。誶曰。子所畏兮桃之東枝。況舘中兮撻以記之。疾行千里莫留停些。唵急急兮如律令些。勢遠與姜晉山友道甚篤。晉山擢壯元及第。勢遠落第。抱膝歎曰。姜某頴悟人也。我爲壯元。而使姜爲末坐。欲呼使之。不意先我擢壯元。後年我雖擢壯元。彼何歆羨。願天雨糞三日。使不得遊街。

牧隱入元登第。登黃甲三名。其第一則牛繼志。第二則曾堅也。

牧隱東還。牛壯元作別詩曰。我有丈夫淚。泣之不落三十年。今日離亭畔。爲君一洒春風前。

麗季。倭寇充斥。以其沿海四面無置鎭防戍處也。自 太祖開國以後。於海港要害之處。皆置萬戶營。以水軍處置使領之。由是倭變稍息。其後倭亦使梗。 世宗命三軍。征對馬島。雖不得大捷。而倭亦畏威不敢肆。有倭數戶。欲居三浦。 世宗嘉其慕義。而許之。許稠泣諫曰。倭奴乍臣乍叛。其心難測。豈可使鱗介之鄙。間我衣裳之人。後日生齒漸繁。當爲國之巨害。臨卒。亦再三陳啓。請及未盛而刷還之。當其時。人皆以稠言爲尋常。而不甚駭。至今三浦有蔓延難圖之弊。然後服其先見之明也。朝廷每諭島主刷還。而所刷者只三四戶。去而復還漸耕我土爲田。斑衣絡繹於邊圉各邑。有時與吾民相鬪。潛往全羅道。而耗害

對馬島風俗

人物者。皆三浦之人也。馬島土地磽瘠。五穀不生。惟種瞿麥。人

皆掘葛蕨根而食之。島主亦徵稅於三浦以資生。馬島所居之人。受我官爵拜護軍者。歲一來朝。而一歲來朝者無慮五十餘隻。來則留連數朔。又受格倭粮料。以養其妻子。慶尙下道米穀。太半耗於倭料。

金斯文瞎一眼。蔡耆之曰。我嘗聞於古老。昔在麗季。有一儒士之眼亦如足下。神僧敎云急割去瞳子。又割狗兒目瞳而納之。熱血自然相附。不數日如常。左右曰。果如其理不虛。斯文亦大疑。耆之曰。好則好矣。只有所憚。若見厠中糞穢。皆如宴饌。而思食之。斯文大怒叱之。左右無不絕倒。

女醫

朝廷揀各司各官年少婢子。屬惠民署。敎醫書。名曰女醫。以治婦人之疾。有一女。來自濟州。不知醫術。惟去齒虫。士大夫家爭相邀致。其女死。又有一女。傳其業。余亦招來治齒。令人仰面開口。以銀七物出小白虫。七不入齒。齒不出血。其容易如此。又不傳其術於他人。雖朝廷治罪。而猶不告。此必幻術。而非正業也。」有士人權某。嘗言學樂之由曰。少時爲夜半往友家。適路旁家張燈談笑。予依窓外。因隙窺見。有一男子。與一女擁衾同坐。男子年少俊逸。女則窈窕無雙。女起取架上小篋。解篋列脯栗。遂於銀盃煖酒。各飮三四男取琴調弄。女曰。可彈風入松。男操絃轉柱舒舒而彈。聲甚要妙。女亦隨而低唱。聲如貫珠。予心豔慕無已。世間安有如此人。必神仙曹也。由是學樂先習風入松。遂通衆音。亦娶妾終老。

伯氏文安公好學忘倦。嘗在集賢殿。抄錄太平廣記五百卷。約爲詳節五十卷。刊行於世。又聚諸書及廣記詳節。爲太平通載八十卷。又抄經史之文。從其對偶。以文質空別之。文者行語也。質者着語也。空者助語也。又撰或國地圖。半未成。而朝廷設局撰輿地勝覽。皆文安規模也。

癸酉冬。伯氏爲兵曹四佐郞。每夜入直。十月十日河議政之柩發引。郞曹皆聚門外伯氏家上。正郞權愷云。予年老。曉起爲難。請入直。是夜靖難。愷叅勳列。而伯氏不得與焉。戊子冬。伯氏爲吏曹判書。與都承旨權公瑊偕往檜岩寺。監世廟七七齋。是夜亂作。兩公回到東門。門閉不得入。伯氏從南山底城外還家。俄而門開。權得叅佐翼。（花山君愷載功臣）而伯氏不得與焉。己丑冬。伯氏以都摠管。遭喪十許日。 成廟登極。宰樞有兵權者。皆叅佐理。而伯氏不得與焉。三度當叅而不得。皆命也。

儒生辛鏻。姜晋山之妹子也。身長九尺。目大如炬。然恇㥘無才勇。嘗隨晋山赴京。是時新征建州衛。女眞皆讎嫉欲報之。適相値於中原路上。或投石。或拳毆。或奪衣物。一行狼狽無聊。顧見鏻。在後獨來。一行皆以爲當被侵辱。女眞見鏻。皆避路傍而去。人恠而問之。鏻曰心神戰悸。罔知所爲。但縱目視之而已。蓋其人見鱗身長目大。畏而避之也。朴臣卿嘗以營押使赴京。又與女眞相遇於路上。臣卿馳馬而出。其伴人亦馳馬在後而來。臣卿意賊人追我。盡力加鞭而走行數十里。始知虛實。時人笑曰。辛鱗當慴而不慴。臣卿不當慴而慴。慴與不慴。皆是慴也。

日本國有皇帝。有國王。皇帝深閉宮中。一無所爲。但朝夕拜天拜日而已。世人謂無權而尊者。謂之倭皇帝。國王專主國政而。聽斷。然有大臣。各擁兵分據地面。有時謀叛拒命。王不能制之。如左右武衛殿京極殿畠山殿細川殿大內殿少二殿之類甚多。皇帝國王之子。惟長子娶妻繼胤。其餘皆爲僧尼。以其尊重而不得與下人爲婚也。其國皆在海中。境土甚廣。如九州一歧州對馬州。皆島嶼而地亦大也。其國俗。男女皆衣斑爛之衣。其形無別。女則鬔髮被肩。男則爲僧者剃髮。其冠服一似我國緇流。未爲僧者不剃髮。編髮爲髻。髻上冒小冠。有半剃頭題者。有

日本
日本風俗
倭天皇一
位
國王關伯也
一位
王妃關伯夫人
二位
太子一位
國相五員

半半剃者。以此辨其官爵。其衣皆畫草木鳥獸。故斑爛也。上下皆有袖。以兩足穿兩袖。曳地而行。相鬪則以袖揷帶間。持刀而出。見尊者則跣足蹲地而爲禮。其國無鞭扑搖楚之刑。罪無輕重但斬之而已。雖有重罪之人。走入寺門則得免。人人得鉄斤。自少時作劍。歲鍛而月鍊之。出街試人。雖死者如麻。以爲常例而不問。其爲僧則不得加害。故以僧爲貴也。人死則以板作棺。坐而埋之不封樹。而與平地無異。其樂亦無長物。一手執小鼓。一手擊之以爲節。舞者執扇回身而舞。若國王使臣來到。則上於正殿二度接見禮曹亦二度宴饗諸殿。巨酋使送及對馬州特送。則上於便殿一度接見。禮曹二度宴饗。常倭則禮曹一度宴饗而已雖若有君臣之分。然巨酋拒國王之命。國王不能制之。且國王使臣到對馬島。島主必受稅賂。不然則拘幽不放送。此所謂首反居下足反居上也若請大藏經而得之。則人人戴諸頭上曰。風淳俗美。太平可期也。又所求者。論語法華經三体詩牛黃虎皮鐃鉢也。專不食獐鹿牛豕。惟嗜食狗。又好食鯉魚。曰此第一佳味也。

野人女眞風俗

野人與我平安道接界者。爲建州衛。與我永安道接界者。爲毛獜衛。又有依我城底而居者。其類不一。每年之冬。分運上京。其所貢。但貂皮數領。朝廷亦以紅黑綿布償之。其拜職。自司猛司正司果司直護軍。至升通政嘉靖資憲而止。新拜堂上者。給玉貫品帶繩床。又依例給祿。稍或不恊於意。裂告身擲之於庭。官雖有高下。而無上下之分。醉則相鬪詬訾。手拳相敺。其在本地也。雖名屯長。亦不相敬。惟以報怨爲事。雖數世不忘以失。相傳起兵。其兵亦皆給價招來。故苟有死者。皆以財賞之。外雖向慕。而內實倔強。常懷盜窃之心。若見我民之農於野者。則搶虜而去。轉相買賣。以資生業。其婚姻也。納牛馬數十頭。方與定約婚。

鄰里之人皆集。盛飾新婦而出謁。又飾年少女。名曰引屬。引屬敎新婦禮度。執大筐就拜客前。客不論多少。或衣服。或布物。投之於筐。以助新婦之產。兄死則必娶兄妻。而弟妻則不得娶。乃曰弟則猶吾子也。豈可娶子之妻。兄則猶吾父也。父之物。子何不繼受乎。兄生時亦有娶兄妻者。其兄因田獵出去。弟與其母及兄妻在室。弟有欲心。則謂兄妻曰。嫂乎嫂乎。願借溫柔。兄妻亦不拒從之。如或拒之。則其母曰。人皆爲之。汝何不遜。弟亦歐逼而奸之。苟或留愛。則射其兄而殺之。兄之子又曰。何故殺我父。又射其叔而殺之。由是讐報不已。其葬人也。穿穴而投尸於其中。累石爲墳。設酒飯。行祭後。投瀉酒飯於穴。與尸相接。又以平生所愛馬。係於墳前。又掛弓矢筒鞬於其上。待其銷盡。而人不敢收。其深處野人。則父老不能行。子設盛饌饋之。問曰。父欲爲熊乎虎乎。隨父所欲。縫皮爲囊。投父於囊中。掛諸樹而射之。

一箭而死者。眞孝子也。

僧家有成佛圖。自地獄至大覺。其間諸天諸界。無慮數十餘處。輪木六面。書南無阿彌陁佛六字。隨擲隨移。或昇或下。以占勝否。河政丞崙作從政圖。自九品至一品。有官、爵次第。輪木六面。書德才勤堪軟貪六字。德才而升。軟貪而罷。一如官途。權提學遇作作聖圖。自九分至一分。隨人之賢愚而心之淸濁不同。從一分則易升。從九分則難升。輪木六面。書誠敬二字。肆僞一字。隨擲而行。一如成佛圖之規。

南先生季瑛生員及第。俱擢壯元。有文名於一時。然其學惟究性理之學。精於句讀訓解。專惡文辭。嘗讀杜詩曰。此書虛而不實。幻而不要。不知意之所在。遂廢不讀。

李斯文咸寧。星山府院君稷之孫也。其父府尹師厚有疾。適是科擧之時。斯文以父疾。不能赴試。府尹强令赴之。遂擢壯元。應榜之日。出宮門將騎馬。其馬回頸嚼帽花而折之。數日府尹沒。斯文亦逝。時人以馬折帽花。大不祥之兆。

李同知廷甫。拙於書字。字不成行。拜同副承旨。啓曰。尾書依允二字及御名。 成宗覽之。傳曰。承旨不自書而令兒吏書之乎。承旨等 啓曰。此同副自書非代手也。 傳曰。以文子文孫。出身文地。而何如此違拙。遂令作詩幷書以入。見者皆笑。

金宗瑞

崔提學興孝以善書名於世。其蹟專倣晋庾翼之体。雖逕筆純熟。未免麁鄙之態。 太宗親政之日。提學以吏曹郎廳入侍。諸人告身。弄筆成畫。良久未就。金宗瑞以兵曹郎廳在傍。一筆揮數十張。書畢踏璽。字体璽跡。並皆端正。 太宗顧謂左右曰。此眞可用之才。宗瑞由是發揚。

奏文

提學嘗書入朝之表。不塡日月。擧國不之知。永樂皇帝見之。以表密授我國使臣曰。若下有司。必訊汝王之罪。故潛還送之。歸語汝王。後勿如是。 世宗大怒。即囚提學于獄。將加極刑。其室上書請命。傳曰。此非予所知。其訴寃于皇帝。然以無情之故。杖而流之。緣此官位不進。

皐隱安先生。官雖高而心愈下。家在仁王洞。茅舍蕭條。而山水清奇。每以諷詠爲娛。雖朋友尺牘之間。皆用詩句。其祭先祖考。必齋沐致誠。未嘗少懈。雖至屢空晏如也。官至一品。年八十。以老退于鄉曲。就闕下四拜大哭而出。行者聞之。無不悲嘆。

偰斯文長壽。大元人也。其父遜。元末避亂來奔。朝廷爵之。能詩文。近思齋集行于世。斯文登清州壬寅科。官至二品。扶翊恭讓王。參九功臣之列。其後得罪於我朝。流寓而卒。亦能詩文。有芸齋集行于世。手書牧隱集。其筆法遒勁有範。斯文之弟眉壽敬壽。並登丙辰科。眉壽官至二品。敬壽之子循。登戊子科。又登丁未重試。官至二品。有文名。偰氏以異國之人。父子孫相繼顯職。而今則其裔尠少矣。

太祖高皇帝討平蜀漢。僞主明玉珍之子昇。陳友諒之子理。皆流于我國。詔曰。不做官不做民。我國給茅舍臧獲。俾安接之。昇承玉珍之後稱帝。年九歲。見擒到我國。昇母曾爲皇太后者。每夜祝手向天曰。天乎天乎。使我播遷。專是蜀大臣之罪。大臣與大明相通。我兵專務拒東。而引兵從西南而入。故遂至於亡耳。

太宗朝王妃冠服。自大明而來。宮中不知被荷之術。昇母入宮指敎。然後乃得知之。昇之孫有屬錄事者。庸劣莫甚。斯文正公時爲左相。謂錄事曰。子之祖父。爲大蜀皇帝。不幸而亡。假令其時不亡。至於子之身當亡矣。至今明氏苗裔。有居開城者。余嘗見明主之像。容皃端正。鬚髯如畫。爪指不剪而長。陳理無子。只有外孫。余嘗從外孫曹公。見所藏刺繡文錦。想其時豪猾之遺物也。

鄉試棘圍。不似京中之嚴整。守令爲試官。而守令爲舉子。故多漏洩相通。有一守令赴試。製呈試卷而出。書所製頭鋪。付小吏曰。汝往觀我試卷之等第。有頃小吏還曰。試卷高中矣。守令問其故。答云。初入場中。倚堂戶而伺之。試官讀試卷至半。便大笑書付吏房矣。蓋書更字。似吏字。而吏房爲首。故云高中也。聞者皆大噱。

丁卯年重試。製對策又製表箋。與初試而題。而初試無表箋。同赴一場。而分庭爲限。重試獲與者。皆一時巨擘。成謹甫居首。金吏判居二。李伯高居三。申高靈居四。崔寧城居五。朴仁叟居六。李延城居七。宋中樞居八。柳太初居九。李廣城居十。李陽城胤保李陽城可成鄭蓬原金工判。皆居三等。無名而得與者只四人。惟徐剛中李賢老以名儒失第。金斯文德源居初試榜眼。當時以爲與其父工判換書也。自後初重試。皆異其日也。

古人皆重巨族。如晉之王謝唐之崔盧是已。我國鉅族。皆自州郡十姓而出。昔盛而今衰。昔微而今盛者。並錄之。坡平尹氏。漢陽趙氏。利川徐氏。驪興閔氏、水原崔氏、陽川許氏。德水李氏。幸州奇氏。交河盧氏。仁川李氏蔡氏、南陽洪氏、龍駒李氏。竹山朴氏安氏。陽城李氏、廣州李氏。江華奉氏。淸州韓氏慶氏、瑞山柳氏韓氏李氏。全義李氏。丹陽禹氏、鎭川宋氏。新昌孟氏、沃川陸氏、慶州金氏李氏。金海金氏李氏。安東金氏權氏。晋州姜氏河氏。星州李氏。尙州金氏。密陽朴氏孫氏、靑松沈氏。居昌愼氏。昌寧成氏曹氏。靈山辛氏。高靈申氏、東萊鄭氏。河東鄭氏。延日鄭氏。河陽許氏。漆原尹氏。順興安氏。宜寧南氏。善山金氏。完山李氏。光山金氏。羅州朴氏羅氏。長水黃氏。順天朴氏。綾城具氏。靈光丁氏、礪山宋氏。濟州高氏。海州崔氏。平山申氏。延安李氏。白川趙氏。文化柳氏。信川康氏。原州元氏。江陵崔氏咸氏。平壤趙氏。咸從魚氏。豊川任氏、

慵齋叢話卷之十終

右叢話。乃吾座主成文戴公先生所著也。先生少聰頴秀發。博覽强記。伯仲俱以文章見推縉紳間。有得於見聞者亦多。比長爲文章。如水湧而山出。擢二科。官常侍從。位居列卿。久典文柄。平生多所著述。有虛白堂集三十卷。奏議稗說十二卷。桑楡備覽四十卷。而經綸大軌五十卷。則未及脫藁。又有風騷軌範樂學軌範浮休子談論。皆其所撰述。而叢話其一也。嘉靖甲申夏。公之男。吾方伯相公諱世昌。手携叢話二帙。囑余鋟梓。余受而卒業。則凡我國文章世代之高下。都邑　風俗尙之　祀書畫諸技。朝野間喜愕娛悲　資談笑。怡心神。國史所未備者悉載。是　言手。聞見之富。學識之博。而非他操觚弄翰者比也。即倩寫一本。以壽其傳。欲與好事者共之。斯吾志也。嗚呼先生事業。彪炳顯著。在人目也。俱載國乘。奚待是編。然思其人。必思所嗜。况文章哉。余之所以力於是者。聊以重相公

之囑。而不負先公之知也。嘉靖乙酉秋重陽後有日。慶州府尹

黃俊跋。

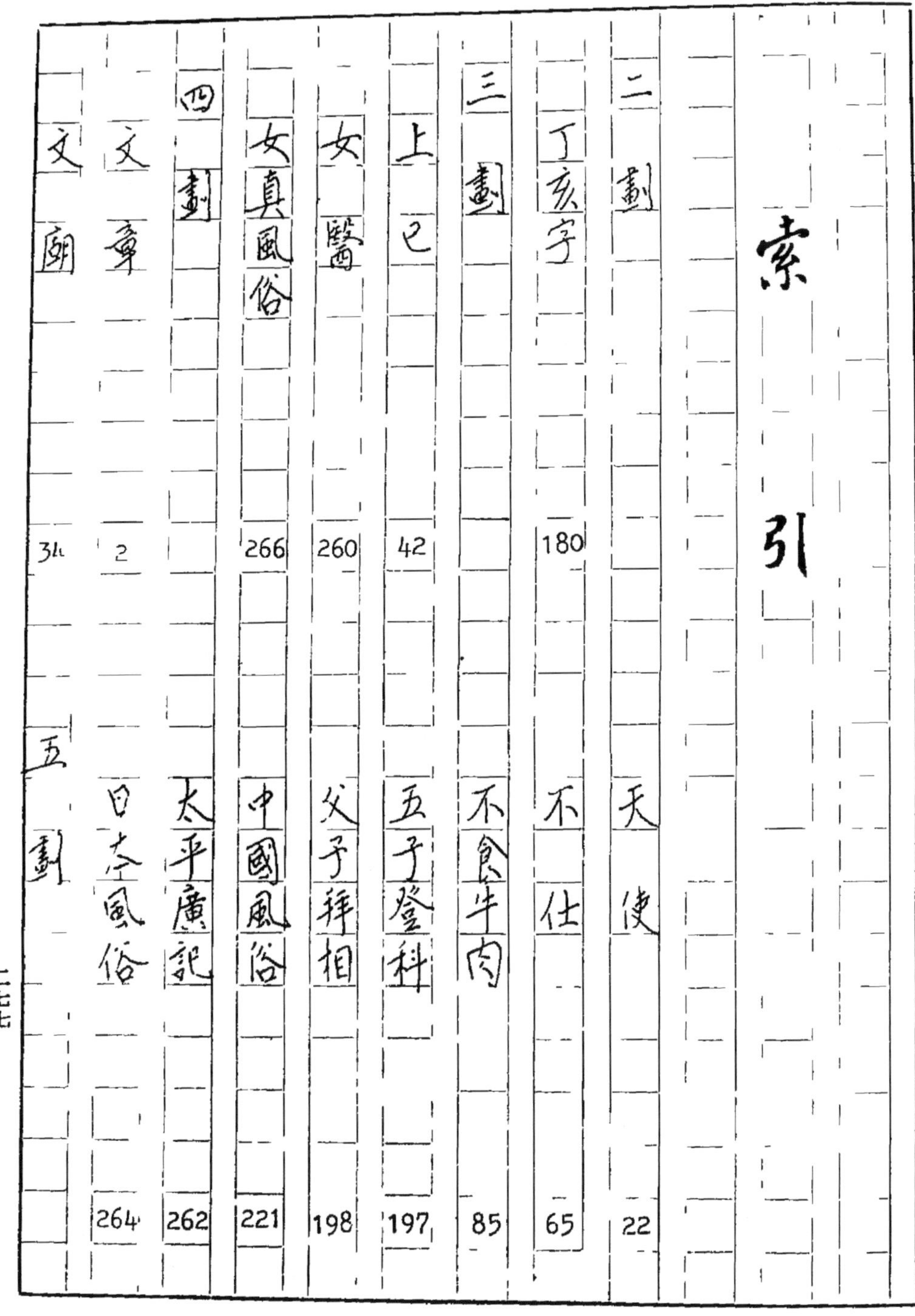

索引

各畜 71
志怪 80
81
82
90
110
111
122
205
216
皂隸 83
孝子 84
妓女 146
佚書 199
祀典 254

八劃

青於藍 2
雨旬 19
花朝 42

呼旗 42
虎患 58
免新 106
物有相類 176
祈雨 177
盲人命課 207
泥醉 244
宗室 249
東人文寶 258

九劃

音樂 6
8
15
50
252

婦人織不可近	48	善射	91
清檢	86	尊賢	169
琉球使臣	179	溫井	223
一二劃		一三劃	
筆法	4	經學	1
—	84 106 239	寬洪大度	71
詔使	22	詼諧	159
集賢殿	32	雜	176
登高	43	一四劃	
象戲	44	僧教	18
游泮宮	45		195 230
飲食男女	48	僧徒	50

颶風 86
縱法 246
一八劃
齋庵 5
轉經法 50
蠅牧使 188
一九劃
藥飯 41
藝文館 106
二〇劃
曉勇 60
二一劃

驅儺 17
41
二四劃
蠶室 253